またいつか歩きたい町

私の町並み紀行

森まゆみ

とんぼの本

新潮社

もくじ

増田　秋田県横手市増田町——006
「たいした、たまげた」美しい内蔵《うちぐら》。
切妻《きりづま》造りの商家の奥に、とんでもない宝物があった！

気仙沼　宮城県気仙沼市風待ち地区——016
いろんな時代のいろんな建物があるのがいい。
震災を乗り越えて甦る「風待ち」の港町へ

新潟　新潟県新潟市中央区古町など——026
砂丘の港町にはすごい文化遺産がいっぱい！
小路をゆけば、花街がある、名料亭がある

城端　富山県南砺市城端——034
建築好きにはこたえられない。
曳山巡行の古い町で居心地のいい庵の宿に泊まる

信濃追分　長野県北佐久郡軽井沢町追分——044
本やアートを愛する人の「文化磁場」。
分去《わかさ》れの宿《しゅく》は夏の終わりか秋がいい

塩屋　兵庫県神戸市垂水区塩屋町——054
クラシックな洋館は生き残った！
海と山に囲まれた風通しのいい町へ

尾道　広島県尾道市——062
風情ある坂の町はもっと元気になった。
新しい尾道を歩いて、泊まって、味わう

石見銀山　島根県大田市大森町——072
ここは日本版アルベルゴ・ディフーゾ（離れた宿）。
奇跡のように残ったいとおしい町並みに泊まる

内子　愛媛県喜多郡内子町——082
懐かしい町並みの原点がここに。
見て、食べて、泊まるべき町宿、村宿がある幸せ

八女　福岡県八女市福島、黒木——092
江戸から昭和まで、時代の流れを楽しめる家並み。
ここで味わうお茶はやっぱりおいしい

臼杵　大分県臼杵市——100
豊後水道の城下町の石畳をゆく。
住人たちの心意気で守られてきた景観を楽しみながら

外海　長崎県長崎市外海——110
陸の孤島の集落に息づくド・ロ神父の明朗闊達な村づくり。
百年前のオルガンの音も清々しい

対談　**後藤治×森まゆみ**——120
失くしたら戻らない。町の記憶を残すためにできること

あとがき　町並みはみんなのもの——126

城端
Johana
新潟
Niigata
増田
Masuda
八女
Yame
石見銀山
Iwami Ginzan
気仙沼
Kesennuma
外海
Sotome
信濃追分
Shinano Oiwake
尾道
Onomichi
内子
Uchiko
臼杵
Usuki
塩屋
Shioya
meow

いい人、いい宿、いい町並み。古くて新しい、とびっきりの12の町へ。

古い町には、独特の味わいがある。

風情ある町並み。見事な建築の民家や商家。その土地ならではのごはん。どこか懐かしい風景。でも「古い」だけでは、いい町とはいえない。いい町は生きている。いきいきと暮らし働く人がいて、旅人を背伸びせずにその町らしくもてなす宿がある。

またいつか、そういう町を歩いてみたい。

地域雑誌「谷中・根津・千駄木」（通称・谷根千）を創刊し、東京の古い町を守る活動をつづけている森まゆみさんは、古い町に愛情を注ぎ、それを守り、そこに暮らす人たちとの交流をなにより大切にしてきた。そんな森さんが全国から、美しい町並みを守りつつ、壊されそうな建物を再生させて新たな用途に活かしたり、昔からの住人と移住組や若い人たちが一緒にがんばっていたりする、12のいい町をえらんだ。

見るもの、出会う人、流れる時間。私たちはそれをヒントにして、自分の五感と足で、町を味わい尽くしてみよう。

文・編集部

※本文中には「伝建《デンケン》」（伝統的建造物群保存地区の略）」「登録文化財」といった言葉がけっこう登場します。こうした建築物の保存に関する制度については、１２０頁からの後藤治さんとの対談をぜひお読みください。なお、国が選定した伝建を重要伝統的建造物群保存地区＝重伝建といいますが、伝建と重伝建はほぼ一致するため、本書では重伝建も含め「伝建」と記しています。

左頁／坂の町、尾道。石段を下っていくと、その先は海。

増《ま》田《すだ》

秋田県横手市増田町

「たいした、たまげた」美しい内《うち》蔵《ぐら》。切《きり》妻《づま》造りの商家の奥に、とんでもない宝物があった！

秋田に増田というすごい内蔵（鞘付土蔵）の町があると聞いたのはいつだろう。

町は横手盆地の南東部にあり、古い城があったところで、近世からは在郷町として発展した。新田開発がされ、町には水路がめぐっている。

増田は物資の集散地として栄えた。毎月2、5、9のつく日には朝市が開かれるが、これは1643（寛永20）年から続くものという。冬の雪の市を見てみたいと思った。

町並みは外から見るといわゆる切妻造り、妻側から入る。しかし入ってみるとその奥行きに驚く。100メートルを超えるものもある。片側に通り土間が奥まで続いている。もう片側には店、帳場、仏間、居間、水屋と、パブリックからだんだんプライベートになっていく。通り土間南側の高いところには窓があり、内部もかなり明るい。

その奥に、見事な内蔵がある。ものを収蔵するだけでなく、畳も敷いて、家族のプライベートな空間として使われる。ここで冠婚葬祭が執り行われてきたという。使用人がたくさんいても、内蔵はあくまで家族のためのスペースだった。

すっぽり覆屋《おおいや》に収まったような空間で、人々は長い冬を冷たい雪や風雨にさらされずに過ごすことができた。しかし、除雪車の登場で冬の暮らしが変わり、家族

切妻造り妻入りの古い商家が建ち並ぶ中七日町通りにて。

行事も減り、内蔵は大仰な、むしろ邪魔なものになってきていた。

最初に内蔵の美しさに気付いたのは商工会の事務の方。仕事で訪ねた店先で、あるとき、風が吹いてのれんの隙間から奥の蔵が見えた。「すごい蔵だすな」というと「こんなの、どこの家にもあるよ」「いやたいしたもんだ」。この発見が2000年頃。そこで増田町商工会（当時）はメインの中七日町通りを「くらしっくロード」と銘打つことにした。さらに、蔵の再発見に寄与したのは次の方たちである。まちの駅・福蔵《ふっくら》（旧佐藤與五兵衛家）で話を聞く。

大工業3代目という黒田稔さんは「NPO増田地域活性化ステーション」の理事長だ。

「うちは祖父の代は木羽《こっぱ》（木端とも）葺き職人でした。木材の板で屋根を葺くことで、柿《こけら》葺きもその一つ。雪が重いから瓦は載らないんです。今はトタン葺き。僕は建設会社に10年勤めて、父が起こした工務店を継ぎました。

増田は成瀬川と南からくる皆瀬川の一級河川の合流地点で、昔から河川を介し

右頁／昭和初期に建てられた、山吉肥料店の主屋の奥にある鞘付きの内蔵。扉を養生する漆塗りの木枠も美しい。
左頁／街道から横に入った路地には「下夕堰（したせき）」と呼ばれる水路が流れている。

て、ものが入ったり出たりしました。近代産業が5つあった。養蚕、煙草、電力（増田水力電気株式会社）、鉱山（吉乃鉱山）、金融（増田銀行）。商人地主とも言いますが、生糸や煙草などの換金作物を相場に合わせて売る人たちが、町全体で儲けようと出資して増田銀行（後の北都銀行）を設立。松浦千代松さんらが地元で電力事業を起こした。全体に野心家が多かったんでしょう。何か儲かるものがないかと競争しあって財を成していった。その富を背景に、こんなすごい蔵ができた。

　左官職人の挾土《はさど》秀平さんや久住章さんも『直線と面で構成されたカミソリ仕事だ』『これだけ精度の高い仕事はない』とびっくりされた。直線で構成される黒漆喰のすばらしさには目を見張ります。

　ところが数年前に最後の左官職人が亡くなり、跡を継ぐ者もいなくなってしまった。100年以上本物で残してきた蔵をこれからも本物の技術で残していきたい。しかし、蔵の壁を直す仕事はそう出るもんではないし、職人さんもそれだけでは食えず、腕を磨くチャンスもない。黒漆喰磨きの修理のできる職人を育てるために『黒漆喰磨きの集い』を今年も5月23日に開くところなんです。今度で7回目になります」

　100年前に造った蔵を直して、さらに100年守るのが目的だ。

　このイベントにはわざわざ滋賀から左官職人の小林隆男さんが教えに来る。ちょうど来ていらしたので話を聞いた。

――増田の蔵を見てどうですか？

「そりゃもう、度肝抜かれました。10年くらい前ですかね。何もかもですわ、色合い、仕事の精度、見た目のすごさに圧倒された。だいたい、黒漆喰の磨きというのは、左官職人にとっては憧れの仕事ですよ。白漆喰を厚く塗った上に、黒漆喰を紙のように薄く塗って磨くんです。もちろん磨くのは手で。優しくね。無造作に触っちゃあかん」

――「集い」ではどんなことをなさるんですか。

明治初期の佐藤家住宅の居間に座る12代当主の佐藤又六さん。店蔵ではアメリカのニューヘイブンで1871年に作られた時計が今も動いている。夫人によると「巻きすぎも良くないというので、主人は毎日12時と決めています」。

「若い職人が来たら実習ですわ。よちよち歩きですが。あとあと仕事が出てくると思いますので、それに備えるんです。何千年の漆喰の歴史を全部凝縮して学ばなければならないですやんか。一番いいのは本物をいじることです。そこにこそ痕跡があり、蔵の遺伝子がある。今の文化財の修復は、上から言われた通りにやるだけ。職人は奴隷化して何も考えない。自分の仕事に責任も持たんし。

昔の職人が正しい、腕もいいとも言えないんです。反対に気楽にやった仕事の方がいいときもある。ただ、これおかしいんちゃう、ということをきちんと言える職人を育てたい。職人がいなくなったというけど、どこかにすごい奴はきっといる。そういう人を見つけたい。増田に毎月寄せてもらう度に考えています。当時の職人が何を考えてどうやったか、想像するのが一番楽しいんやね」

蔵を残すために市議会議員になった加藤勝義さんは前出NPOの事務局長。

「平成16年頃ですね。人は減って町はシャッター街、小学校の統合をきっかけに、町おこしをしてくれって頼まれました。そこでまず歴史の勉強から始めようと。

内蔵が立派といっても見たことないから、写真を撮って写真集にしようと調査と撮影も開始しました。最初はカメラを持っていっても、うちに蔵はないです、というような対応でした。失礼がないように、立派な写真機を持っていって撮影しました。その頃はまだ会社員で、何時に来いと言われれば、半休とって撮影に行きました。

写真集『増田の蔵』には30くらいの蔵を載せた。メディアが紹介したもんだから、だんだん人が見に来るようになった。前の市長も理解があって、蔵の雨漏りの応急処置などに費用を出してくれました。それで持ち主と『蔵の会』を作り、試しに公開しましょう、と平成18年から年に一度、『蔵の日』を始めました。10回やったあとは『蔵史《くらし》めぐり』にしています。

さらに僕の写真と、黒田さんの実測をもとに、一つ一つ国の登録文化財（登録有形文化財。文化財登録制度に基づいて登録される。以下、各制度の詳細は120〜125頁の対談記事を参照）にしていった。お客さんがおらほに来る町になればいいな、

右／増田の商家は奥行きが深い。通り土間が奥まで続き、天井も高い。
左／黒漆喰壁の内部。木や竹を組んで木舞（こまい）という下地をつくり、それを芯にして泥にワラを切り込んだ荒壁を塗り、さらに白漆喰で仕上げ、最後に黒漆喰で磨く。

俺たちプロジェクトXみたいだな、と興奮して毎日酒飲んでいました。でも根本的に直すのにはそれじゃあ足りない。それで蔵を守るために議員になりました。今2期目です。

　行政の職員は建物の機能性、効率性、費用対効果が第一で、こういう歴史的なものの価値がわからない。増田では住民が主体で動いて、行政をその気にさせて伝建（伝統的建造物群保存地区の略。市町村が条例に基づいて指定する）にこぎつけたんです。それまでの活動で理解が得られていたので、住民や蔵の持ち主に反対はありませんでした。

　今、国の重伝建（重要伝統的建造物群保存地区の略。文化庁が選定する）になったおかげで、修理費用の8割まで補助が出ます。2割は個人の負担ですが、それでも持ち主は喜んでいます。でも職人がいなけりゃ蔵も残らない。観光客でなく、職人が来たくなる町にしたい。職人がリピーターで来てくれる町にね」

「たなぎもの」は秋田弁で「やっかいもの」という意味だという。たなぎものが重要文化財になった佐藤又六さんの家を訪問。奥様のルリ子さんが丁寧に神棚の鏡や木鼻、階段の材などを説明してくださっているところへ、「増田まちなみ保存会」の会長である又六さんが戻られた。

「うちは明治23年の商工年鑑には『荒物商』で載っています。今でいう総合商社ですね。船で雄物川を秋田の港まで行き、北前船で来た荷物をまたここまで持ってきた。そんなわけで十文字の駅までよその土地を通らないでも歩いて行けたというんですよ。代々、又六を名乗っておりまして、私が12代目です。昭和13年生まれで平成3年に襲名しました。この店蔵《たなぐら》は明治元年から4年の間に建った、増田では一番古い蔵と思います。

　この家は３５０年間空き家になったことがない。8代目のときに、ここは町並みの真ん中だから、両側がもし火事になってもここで止めて欲しいと町からいわれ、店を蔵造りに建て替えたそうです。それだけ裕福だったんでしょうね。増田では江戸時代だけで6回の大火事がありました。

　明治28年に設立した増田銀行の取締役

一棟貸し切りの宿「宝蔵庵」。居心地のいい蔵の中に泊まる。

右／「つばくら食堂」で食べた焼きそば。横手焼きそばの名が知られているが、横手市に編入される前から、実は増田の焼きそばが地元で有名だった。　左／JR十文字駅の待合室も内蔵のデザインになっていた。

に9代目がなったとき、自分の名前で100株、息子の名前で50株を出資しています。10代目は早稲田の前身の東京専門学校に行って明治25年に卒業したんですが、わりと早く亡くなった。11代目の父が4〜5歳のときでした。

父は4人兄弟の末っ子の長男で、おばあさんは東京にやって帰ってこないと困ると。姉たちは女学校を出したのに、父だけは上の学校にも行かせてもらえずに親戚の家に丁稚《でっち》奉公に出されたそうです。私が物心ついた頃は兵隊に行っていました。

子供の頃、悪戯《いたずら》をしてよく蔵に閉じ込められたものですよ。店の表から奥まで110メートルあり、裏を出てから30メートルくらいのところに又六長屋というのがあって、店の使用人たちはそこから通っていました。店の者やその家族がここを通り抜けるうちに、町の人も近道だってここを通るようになっていきましたね。

戦後、父はここで食料品雑貨屋をやっていました。それを私がカメラ屋に変え、スタジオも作った。私の代になって屋根を全部葺き替えました。蔵の一部を駐車場にしたいといったときは、さすがに父が怒りましてね」

土間が公共空間だった時代。そして、家の前に駐車場ができ町並みが変わる。佐藤家は2005（平成17）年に登録文化財となり、それ以降、毎日公開している。暮らしている家がそのまま公開されているのは珍しい。

その後、増田では東日本鉄道文化財団の助成を受け、3年の間に10軒以上の建物を修復、町並みも整えられて町並み保存に対する機運が一気に高まった。国の重伝建選定は2013年、佐藤家住宅は2017年に重要文化財に指定された。

「今は夫婦でご案内しています。現天皇陛下も皇太子時代においでいただきました。父が生きていて、家が重要文化財になったと知ったら喜ぶでしょうね」

もう1軒、市指定文化財の蔵を拝見。山吉肥料店の山中英一さんに聞く。

「うちは主屋が明治中期、蔵は昭和初期です。柱は槐《えんじゅ》で、壁は芭蕉布を貼ってあります。床の間は黒柿です。上にあるのが渡り廊下で、火災になったときは上って火が入らないように扉を閉めます。最初からついています。

　私は昭和13年の生まれの３代目、この蔵を造ったのは祖父です。土台は院内石。赤い鞘が内鞘と言って、麻の葉の組子《くみこ》で保護していますが、麻の葉も魔除けですね。子供の頃は用がないのに入っちゃいけないと言われていました。中は座敷になっていて20人くらい入れます。冠婚葬祭をするのですが、娘の結納のときに使ったのが最後です。婿さんは東京の人だったんですけどね。

　うちはもともと繭を集める仕事だった。それで財を成したようです。その後に肥料商に変わりました。隣との間に流れる用水路は子供の頃はもっときれいで、どじょっこふなっこを取って遊んだものですよ。庭のバラは私が育てています。２０１６年に吉永小百合さんがうちの蔵の前でＪＲのポスターの撮影をされてね。厳戒態勢であっという間の出来事でした。私たちの世代のヒロインですからね、お会いできて、もう死んでもいいと思いました（笑）」

　増田では自分たちが厄介者に思っていた内蔵が、とんでもない宝物だということに気づいた。そして、今は蔵の公開によって、１人につき数百円の見学料を載き、それが蔵を直す個人資金にも使われる。修復で国のお金が町に入り、工務店や大工さんの仕事も生まれる。なかなかウィンウィンな関係だと言えよう。

　まちなみ保存会の会員は現在81人、伝建地区内の蔵を持つ人の８〜９割がメンバーだという。由緒ある自分の家を残していきたいという意識の高さが育ちつつある。

　日も暮れかけ、平日なのでしまっている店が多い。私は土地の人と焼き鳥屋で飲んだ。今日の宿「宝蔵庵」まで静かな夜の道を歩く。

「宝蔵庵」は昭和初期に建てられた蔵に泊まれる宿。定員５名、持ち込み自由。１泊朝食付きだと１人１万７０００円、５人だと１人１万１０００円。２階建てで外界の音がシャットアウトされ、ぐっすり眠れた。風呂とトイレは新設備。主人、笹原博征《ひろゆき》さんに話を聞く。

「最初、喫茶店から始め、泊まるところがない、というので宿に。値段を高めに設定しているのは、その方が良いお客様が来てくださるからです。冬は雪が見たい、横手のかまくらが見たい、というお客様が結構あります。稼働率をあげようなんて思っていません。良いお客様に泊まっていただき、お話をするのが私の楽しみです。増田の旦那さんたちは大変ですよ。昔からのしきたりで、神社でお祭りがあれば、寄付はいくら、人数は何人出すと決まっている。お寺さんもそうです。けれど一人も威張った人はいません。みなさん物静かで謙虚です」

▶アクセス
秋田新幹線大曲駅あるいは山形新幹線新庄駅からJR奥羽本線で十文字駅へ（大曲駅からは約30分、新庄駅からは約70分）。十文字駅から増田へは羽後交通バスかタクシーで約10分
▶ガイド
横手市公開施設情報／増田〜内蔵のある町〜
https://www.city.yokote.lg.jp/tokusetsu/masuda/04_open/index.html
宝蔵庵
https://www.houzouan.jp

●取材年月／ 2019年5月

気《け》仙《せん》沼《ぬま》

宮城県気仙沼市
風待ち地区

いろんな時代のいろんな建物があるのがいい。震災を乗り越えて甦る「風待ち」の港町へ

宮城県のリアス式海岸の北端、気仙沼市。海沿いの道を車で走ると災害復興住宅が建ち並ぶ。3・11の地震で市街地は津波にさらわれた。死者、行方不明者は1357人。

震災前、市場は賑わい、港には遠洋漁業の船が停泊していた。町並みは壊滅したのか。いや、建物に愛着と誇りを持つ「風待ち研究会」が中心となり、全国の専門家の支援を受け、所有者とともに「気仙沼風待ち復興検討会」を設立。被災した国登録有形文化財6棟の復旧・再建を始めていた。

会長は建築士の菅原千栄さん。

「気仙沼は仙台藩にとっても重要な港町でした。平成14年に風待ち研究会を立ち上げ、建物調査をしては、文化財登録の書面や図面を作りました。気仙大工の研究で有名な東北工業大学の高橋恒夫先生も協力してくださいました。郷土史家の川島秀一先生が、気仙沼は外海に出るいい風を待つ港というので、会の名前にしました。震災前は昭和4年の大火の後に建った建物がたくさん残っていました。

震災後、全半壊になった建物が次々壊されていくそのとき、東京のマヌ都市建築研究所の三浦卓也さんや全国町並み保存連盟の山本玲子さんらが気仙沼まで来てくれ、『残すべきだ』とおっしゃいました。私たちも所有者に声を掛け始め、

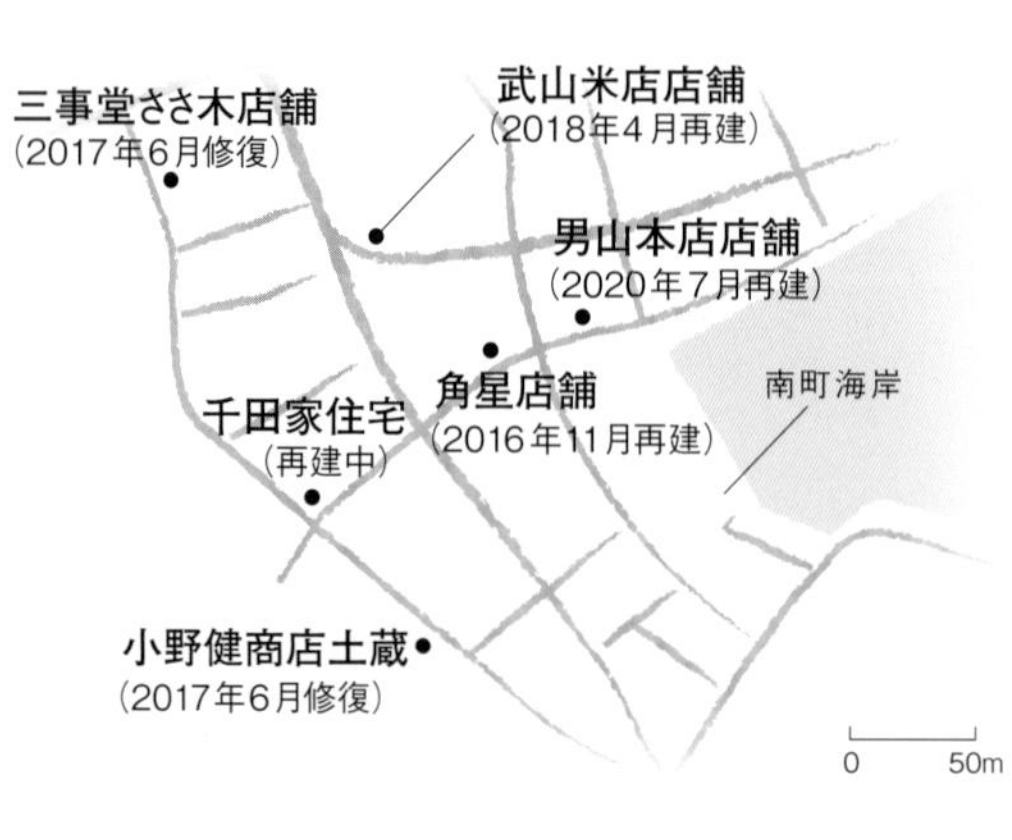

2011年東日本大震災前後の気仙沼市内湾地区の景色。
上／ 2003年撮影。港にはびっしりと建物が建ち並んでいた。
下／ 2019年撮影。津波を受けた港の復興が進む。

度重なる説得で、持ち主もだんだん残したいと気持ちが動いてきました」

　市職員の幡野《はたの》寛治《ひろはる》さんは住民の活動をサポートし、検討会の事務局も担う。

「震災直後は、道路、水道、ガス、仮設住宅、暮らしの基盤を手当てするのが優先で、市役所内でも文化財の修復など言える雰囲気ではなかったです。被災文化財の調査で来てくれた三浦さんたちの強い提言がなければ、おそらく残っていません」

　酒造店「角星」の斉藤嘉一郎さん。

「うちは明治38年が創業です。近所の室根神社に清酒を枡に入れて献上し祈禱したところ、御神鏡に明けの明星が映り込んだというので、〝枡に星〟で角星と名乗ったのです。また気仙沼は陸中、陸前にまたがるため、銘柄は『両國』としました。今はいろんな銘柄を造っています。

　酒屋は私で6代目、斉藤家は18代目。店は昭和4年の大火後の典型的な塗り家造り、白壁のどっしりした建物でした。気仙沼には明治29年の大津波、大正4年と昭和4年の大火、昭和8年の津波、昭和35年のチリ沖地震の津波などの大災害が歴史に刻まれています。

　しかしこれほど、町が一掃されたのは初めてです。私はここより少し高台の自宅にいましたが、揺れたら逃げろは海際の鉄則です。震災の後はまるで戦争映画のロケ地みたい。大火災が起こり、町中煙が上がり、湾は瓦礫だらけ、家はヘドロだらけ。

　うちは1階が波に払われ、2階が奥の方に押されて残った。全壊という判定で、再建は無理と思い、市の公費解体に申し込みました。ここにまた店を再建するなんて思いもしなかった。魚町は商業が集積したメイン商店街で、びっしり町並みがありました。皆この由緒ある地名には固執していたんです。でもまたここで商売が成り立つのか、人は戻ってくるのか、また津波が来るのではないかと心配でした。

　完全に流された街区で土地区画整理事業が進むなか、私たちのところはなまじ残ったので、なかなか進みませんでした。そのうちに、店を復元しませんかと。登録文化財にする時にご尽力いただいた方々からですので、無下《むげ》には断れなかった。移転補償費とか、補助金をいただき、自己負担でも数百万円は出しました。登

上／2016年に再建した角星店舗。陸中、陸前の両国にまたがることから名付けた銘柄「両國」の看板を掲げる。2階には公開・展示スペースを設けている。店の前に立つのは社長の斉藤嘉一郎さん。
左／角星店舗の1階にある立ち飲みバー。日本酒の試飲もできる。筆者は「船尾灯（ともしび）」という純米酒と、気仙沼大島の柚子で作ったリキュールを注文。

録のときに取った設計図面があって助かりました。

町の皆さんから内湾の風景が少しでも残ってよかった、と言ってもらいました。再建後はガレージだったところを立ち飲みのバーにしたり、2階は支援への感謝も込めて公開しています。店売りが震災前の水準に戻り、復興支援ということでネットでのお酒の注文も全国からいただいてうれしいです」

幡野さんが説明する。

「国の登録有形文化財だった6軒の建物を修復・再建するために、クラウドファンディングも活用しました。そのほか新発足のＳＯＣ基金（東日本大震災被災文化財復旧支援事業）からも。ワールド・モニュメント財団など、海外からも支援をいただいています。男山さんがそろそろ工事に着工（２０２０年7月竣工）、千田《ちだ》家住宅はまだこれからです。直せたら私たちの会でお借りして、風待ちのステーションにしようかと思っています」

私が理事を務める日本ナショナルトラストも震災直後から「ふるさとのタネ」（SEEDS OF FURUSATO）で気仙沼の建物復元を支援している。

男山本店を訪ねる。

ここも蔵と本社は山際にあり被災を逃れたが、魚町にあった店舗は漁船がぶつかり1、2階が損壊、3階だけが瓦礫の上に残された。社長夫人の敬子《ひろこ》さんのお話。

「昭和4年の大火後の建物で、国の登録文化財でした。3階建てのいちばん上に『男山』の金看板がついていました。１階が店で、2階に大広間があり、会長の菅原雅《まさし》が20年、気仙沼市長をしていましたので、選挙や会合に使っていました」

高台の酒蔵の方には２０１８年に登録文化財になった和館（昭和4年築）がある。会長に電話が繋がった。雅さんの話。

「私の祖父にあたる昭治が明治30年頃に東京瓦斯に勤めて、銀座のガス灯や服部時計店のハイカラな建物を見たそうです。その後、塩竈の阿部勘酒造店の『男山』の小売りに携わり、自分でも酒造りがしたいと免許の申請をしたが、なかなか免許がおりない。ようやく創業したのが大正元年です。『伏見男山』を名乗るのを

被災後の男山本店店舗。津波で押し寄せた漁船がぶつかり、1、2階が崩れた。

2020年7月に再建された男山本店店舗。

許されました。店舗やこの家を建てたのは父の克己です。私は津波の翌日、流された建物を見に行って、これは当分手を付けられないなと思ったが、壊したいとは考えなかったね」

震災直後は混乱し、家族もそれぞれ記憶が違うという敬子さん。

「蔵人も含めて17人、皆無事でした。蔵の土壁は崩れたけれども、もろみが残って、どんどん発酵が進むんです。でも電力がなくて、どうしよう。そうしたら気仙沼商会の高橋正樹さんが発電機を貸すからぜひ酒を搾りなさいと。まわりが静かな中で、ここだけモーター音がしているのが不思議でした。食事の支度は炭を熾《おこ》し、鍋でごはんを炊きました。

流された建物を壊すか残すかの家族会議で、私は壊す方に手を挙げた。残そうと言ったのは社長と会長でした。今思うと申し訳ないです」

男山のほかに「蒼天伝《そうてんでん》」の銘柄が人気で、魚に合う酒は全国から支持されている。

伝統的な土蔵を修復した小野健商店社

実測調査を終え、これから再建が始まる千田家住宅。再建後は「気仙沼風待ち復興検討会」で借りて、「風待ちステーション」にしようという計画もある。

再び姿を現した武山米店の店舗と蔵。扇型の敷地に合わせて造られている。津波で1階部分が流されたが、2018年に再建。写真左の店舗1階は日替わりのお店になる。

長の小野寺健藏さん、息子の健一郎さんの話。

「廻船業で大正5年の創業です。主にマグロの仲買です。そこに写真があるのが、この蔵を建てた祖父の小野寺健之助。健栄丸という船を持ってました。柔和な顔をしていますが、どうして、気の荒い海の男です。

　この蔵は昭和4年の大火後に気仙大工の村上慶之助という方が造ったものです。相当凝っているでしょ。でも津波では土壁が剝がれたり、装飾がおっこったり。それを皆さんのご支援で修復しました。中には古伊万里や古いポスター、津波を逃れて残ったものを展示しています。表立って公開はしていませんが見てくださる方には説明しています。すごいですねえ、なんて言われると嬉しいもんです。

　廻船業の経営は競争が激しく、切った張ったの時代もあったそうです。うちも二度ほど山も家も手放しています。同業が今でも20軒くらい残ってますが、どこか1軒脱落するとそこから水が漏るようにみんなダメになるので、自分だけ良ければいいということはあり得ない。心の

上左／武山米店の武山せい子さん（左）たち。お昼の弁当は復興工事の人々にも喜ばれている。下右／漆塗りのお膳。脚にはクルミが使われている。下中・左／時代を感じさせる、武山米店や小野健商店の古いカレンダーやポスター。

中で声を掛けあっています。

　昔は気仙沼から東京の築地まで、線路が続いていたんですよ。魚をトロ箱に入れ、塩を詰めて、貨車に載せれば、引き込み線から東北本線、また引き込み線で築地まで。横浜との取引も大きいですね。この気仙沼沖は世界三大漁場の一つ。プランクトンが集まって、本当にいい魚が取れます」

　若い後継ぎのしっかりした説明に、父である社長は目を細めていた。

　陶器や記念品を商う三事堂ささ木の店主、本田勝久さんを訪ねた。

「うちの主屋は明治42年頃の建物じゃないのかな。蔵は大正のものです。私は昭和17年ミッドウェイ海戦で大敗退した後に生まれたんですが、勝久という名前です。妻は勝子。

　そもそも、気仙沼は仙台文化ではなく、平泉中尊寺の藤原文化を引いているのか、言葉も雅びです。旅のお方に『どこからおんなはりしたか』と聞きますよ。どちらから御成になりましたかということです。東山とか八瀬なんて地名も残ってい

左／小野健商店の土蔵は装飾が破損する等大きな被害を受けたが、2017年に修復。入口はかさ上げの経緯がわかる工夫がされている。右／説明してくれた小野寺さん親子。若い後継者が頼もしい。

る。

平らな土地がなく田んぼはできません。海と生きていくしかない。缶詰工場で儲けた商人が一人で建てた鼎《かなえ》座という芝居小屋もありました。本物の6代目菊五郎を枡席で見ましたよ。戦争直後のことです。戦後はいい景気でね、旦那衆は、夕飯が済むとお風呂に入って、着替えて、白足袋履いて、巾着持って、馴染みの芸者のところへ行く。だから小唄、長唄、都々逸、素踊りくらいはみんなできました。

うちの建物もかなりハイカラなもんでしょ。昭和の大火前の建物は珍しい。そこに津波が来た。神棚まで水が来て、犬は鳴く、でも揺れが長くて動けない。2階に逃げて、窓からこの世のものとも思えない景色を見てました。ひと月後の4月の余震で倉庫が崩れた。もう、私らだけだったら、へたり込んでいましたね。500人を超えるボランティアの方が来て、瓦礫や泥をかき出してくださった。隅の隅まで泥が詰まって、100回は洗いましたね。

こんなときに文化財の修理だなんて、という声も聞こえたので、シートに『財団の助成で修復しています』と書いたんです。税金は使ってないですよ、って。いろんな時代のいろんな建物が残っているのがいいんです。これから町並みをつくるには、市役所でも音頭をとって、看板の色や幟《のぼり》を規制したほうがいいと思います」

平らになってしまった町で、本田さんが町並みの色彩や統一感に言及するのを聞くと、じわじわと涙がこみあげてきた。

夜は「あさひ鮨」で土地の魚でお酒を飲み、「もう一軒行こう」となった。復興商店街に「塚本八百屋」というワインバーがある。地元の人に野菜を供給しながら、夜は母と息子でワインを出しているという。地場の野菜のおいしいつまみを食べながら、気仙沼の夜は更けていった。

今回、特別に泊めていただいた武山米店、これも気仙大工の技を示す、精巧な建物だ。土台はクリ、階段はサクラ、床の間には黒柿、手すりはケヤキと良い材が使われている。敷地に合わせて座敷も

左／明治41年創業の三事堂ささ木店舗。大正期の洋風建築の住宅兼店舗と土蔵が隣り合う和洋折衷は、昭和4年の大火前のもの。2017年に修復。 右／三事堂の本田さんご夫妻。

台形になっており、布団の中で空間がワープしているような感じがした。

朝ごはんの後、武山せい子さんに話を聞いた。

「うちは明治10年に創業し、夫の文英で4代目になります。大正4年、昭和4年の大火でも焼け、その度に復興してきたお店です。平成15年に登録文化財にしていただきました。

震災の翌朝、潮が引いて見にきたら、1階が波で抜けちゃって、梁と柱もなかったし、2階の窓枠もなかった。お米はみんな塩水に浸かってダメ。しばらくは商売のことなんて考えられませんでした。やがて夫の携帯に注文が入り始めて、5月には倉庫にあった米で米屋も再開したんです。

片付けるのが先決でした。公費解体の申請にも行きました。別棟の文化財登録していない建物はすぐに壊しました。そしたら市役所の幡野さんたちが、あとはちょっと待って欲しい、と言いにきて、そういえば国の文化財だったなあ、と思い出しました。

家族の間でも再建か解体か、すごく迷い、かなり葛藤は続きました。再建を決断したのは、先代の遺志を継ごうと思ったのと、多くの人たちからの励ましです。クラウドファンディングでたくさん寄付をしてくださった方への返礼として、再建後、泊まっていただきました」

店では米穀販売のほか、火、水、木はおこわ、土曜日にはカフェと木工細工のお店にもなる。

こんな風に、津波に洗われた町、気仙沼は、かつての建物が土地の人の頑張りと、世界中の心ある人々の支援で、少しずつよみがえり始めた。

▶アクセス
東北新幹線一ノ関駅からJR大船渡線で気仙沼駅へ（1時間25分）。市内は循環バスやタクシー、レンタサイクルがある
▶ガイド
気仙沼風待ち復興検討会
https://kazamachi.jp
気仙沼観光推進機構
https://kesennuma-kanko.jp

●取材年月／2019年5月

新《にい》潟《がた》

砂丘の港町にはすごい文化遺産がいっぱい！小路をゆけば、花街がある、名料亭がある

新潟県新潟市
中央区古町など

このところ、新潟が面白い、という話を聞いて久しぶりに飛んでいった。

最初に訪ねたのは、西大畑町、和風建築の屋敷を活用した市の芸術・文化施設「砂丘館」館長の大倉宏さん。20年ほど前からの知り合いだ。

「生まれは新発田《しばた》です。11歳で千葉に転居し、東京藝大を出て、新潟市美術館の学芸員となって、5年いました。母の従兄弟の長谷川正巳さんが画家の佐藤哲三と親友だったことから、高校のときに東京のブリヂストン美術館や、洲之内徹さんの現代画廊に連れて行ってくれました。洲之内さんの『気まぐれ美術館』の愛読者になったのは大学を出てからでしたが。

建物の保存運動は美術館を辞めてからです。結婚して、子供が生まれる直前に一人でヨーロッパに行って、オーストリア、イタリア、フランス、ベルギーを見て、新潟に帰ってきたら中心部の町並みがとても情けなく思えました。町をうろうろしていたら、周辺部に残る古い建物に目を引かれたんです。

新潟は大きな空襲がなく、戦前の民家も結構残っていましたが、誰も気に留めていない。それで『新潟下町の歴史的景観を愛する会』を作って、まず第四銀行住吉町支店の保存運動に関わりました。森さんに講演をお願いしたのはこのときですね。建物は壊されずにすみ、信濃川

のほとりに移築されてレストランになっています。近くの萬代橋《ばんだいばし》も国の重要文化財になりました。

　本当に妻には迷惑をかけっぱなしです。大正時代の町家を改装した画廊『新潟絵屋』を仲間たちと立ち上げ、次々展覧会を企画し、家にも帰れなかった。この砂丘館はギャラリーやコンサート会場にも

花街の路地。料理を作る「料亭」、座敷を貸し出す「茶屋」、芸妓が籍を置き居住する「置屋」の三業のほか、踊りや三味線の師匠宅、スナックやバーなども軒を連ねる。

活用しています。よく砂丘の研究施設かと間違われるんですが、実は新潟は砂丘の上にできた町なんです。ここも砂丘の上。この道をまっすぐ行くと、松林があってその向こうは日本海です」
　イベントの準備に忙しい大倉さんの邪魔をしないように、教わった所を回ってみることにした。砂丘館は元は日銀新潟支店長の役宅で、広い。１９３３（昭和８）年築で敷地面積５２３坪、延べ床面積は１５２坪という大邸宅で、女中室や書生室、蔵もあり、地位の高さを物語る。庭にも百日紅《さるすべり》や棕櫚《しゅろ》の木が生え、灯籠が配置されており、見事なものだった。建築費は３万９７５２円というから今なら３億、４億円か。
　日銀が資産の見直しをはかり、新潟市所有に。日銀の地方の役宅で戦前から残っているのは福島と新潟だけだという。大倉さんの経営する美術団体、新潟絵屋がビルメンテナンス会社と共同で指定管理者となり運営している。
　外に出ると旧制新潟高校の六華寮があった所。その前の坂をドッペリ坂という

広大な敷地に建つ旧日本銀行新潟支店長役宅。庭も見事。現在は砂丘館の名で運営され、自主企画展やコンサートなどが催されている。

のは、ドイツ語の「ドッペル＝二度やる」ということから、旧制高校生が落第することを指す。坂を下ると「安吾 風の館」。1922（大正11）年築の旧市長公舎を作家坂口安吾の資料館にしている。「無頼派の作家に市長の屋敷は似合いませんねえ」というと、係の人が、「いえ安吾は新潟の大富豪の家に生まれ、お父さんは衆議院議員でした。この辺は西大畑といい、安吾の生家に近いんです」と説明された。意外だった。

林を抜けると海で、また坂を下って、国の名勝「旧齋藤家別邸」へ。1918（大正7）年築。豪商齋藤家の4代喜十郎が建てた1300坪もある別荘だ。砂丘の地形を背景にした庭園もすばらしい。他に文化財の「北方文化博物館新潟分館」もある。ここは戦後、歌人の會津八一が住んで、亡くなった場所。白いモダニズム建築のNSG美術館や、前川國男が庭と一体に設計した新潟市美術館も近い。

狭い範囲にこれだけの文化遺産が集中していることに驚いた。

右上／北方文化博物館新潟分館の玄関内側から見た景色。會津八一終焉の地でもある。
右下／旧齋藤家別邸。座敷から眺める庭園も格別。 左／町家を改装した画廊、新潟絵屋。

大倉さんから「僕らはこの10年、新潟の花街に関心を向けてきました。今日はご案内できないので、新潟シティガイドの伊藤頼子さんを頼みました」と連絡をもらった。伊藤さんはゼネコンに勤める設計家だ。

「新発田と長岡は城下町ですが、新潟は北前船の寄港地です。幕末に開港した5港の一つですが、大きな船は着けません。今もどんどん砂が河口に溜まるので、浚《しゅん》渫《せつ》しています。風をよけるときは佐渡の港もセットで利用したようです。開港以来、イギリス、アメリカ、ロシア、ドイツなどの領事館が置かれました」

　そうなの。新潟は砂の都なのですね。

「そこにイタリア軒、という新潟でも有名なホテルがあります。明治7年創業です。面白いエピソードがあるの。フランスのスリエ曲馬団が新潟に来たとき、一行の中にピエトロ・ミリオーレというイタリア人の賄い方がいたんですが、大けがをして後に取り残されてしまった。ピエトロをかわいそうに思った当時の県令、楠本正隆が牛鍋屋を開く資金を出しました。新潟の近代化のためにもね。というわけで、牛鍋からイタリア料理を出すようになり、日本初に近い西洋料理店なわけです」

へえ、知らなかった。うちの両親は泊まったこともあるそうです。

「他にも衆院議員だった小澤辰男邸『旧小澤家住宅』が新潟市の文化財として残っています。もともと廻船問屋だったので『北前船の時代館』とも呼んでいます。日本最古の県会議事堂が重要文化財の『新潟県政記念館』になり、石油王新津恒吉の外国人客用の迎賓館『新津記念館』、豪商齋藤家の一部を移築した『燕《えん》喜《き》館《かん》』などの登録文化財もあります」

それは随分、残したものです。

「新潟は原爆投下の候補地にもなっていたのですが、実際には大規模な空襲がなかったおかげです。しかし信濃川に機雷がいっぱいあって、それに触れた中学生が亡くなったという悲しい話もあります。昭和39年の新潟地震でも、古い萬代橋だけはビクともしなかった。萬代橋は市電

風情ある木造建築家屋が建ち並ぶ古町花街をぶらぶら歩く。右上／新潟三業協同組合。右下／日本料理の老舗、かき正さん。左頁2点／花街屈指の料亭、鍋茶屋。風格たっぷりの門には紫の幕が張られていた。

を通すつもりだったので、幅が広く、遠くから見ると、アーチがとても綺麗です」

伊藤さんの話はよどみない。今度は花街をぶらつきましょうという。

「新潟は商都なので、大きな花街が残っているんです。信濃川と並行して走っているのが『通り』、川に近い方から上大川前通、本町通、東堀通、古町通、西堀通です。そこに縦に交わる狭い道を『小路』といいます。鍛冶小路、新津屋小路、柾谷小路、八間小路、吹屋小路、坂内小路などいっぱい。會津八一も、ここの古町の名料亭、会津屋に生まれているんですよ。西堀通の西側は寺町で、お寺が大小43カ寺並んでいます」

門に亀の印がついた紫の幕が張られた立派な建物がある。

「ここは屈指の料亭、弘化3年創業の鍋茶屋です。今日はきっと結婚式ですね。3階には２００畳もの座敷があります。他にも元禄年間創業の行形亭《いきなりや》、明治28年創業の金辰などもあります。芸者さんを呼べば花代がかかりますが、お料理だけなら1万３０００円くらい。こんど一緒に行きましょう」

本当に詳しい。東京で人を案内している私は舌を巻き、自分の不勉強を恥じた。

「日本料理のかき正さん、小唄や踊りの師匠の家とか、町家を改造したバーとかね。料亭というと敷居が高いように思われるのですが、気軽に楽しむイベントも催しています。

色街と花街は違うんですよ。ここに思案橋というのがあるでしょう。これは『今日は花街へ行くか、色街に行くか、ここが思案のしどころだ』という意味らしいです。港に入った男たちは、やっぱり遊びたかったんでしょう。その頃は芝居小屋や映画館もありました」

今、新潟大学の久保有朋君が花街の調査をしています。メディアの取材があるといつも若い彼が羽織袴で登場する。花街のみんなに可愛がられています」

伊藤さんは新潟シティガイドの第4期生。基本ボランティアで、出動代１０００円のみ。1人５００円のガイド料はシティガイド協会の資金になる。

最後に連れて行ってくれたのは、カフェ「日和山《ひよりやま》五合目」だ。

経営者の野内隆裕さんは「路地連新潟」の代表。タモリさんの案内もした。

「家は材木屋で3代目でした。跡を継ぐために深川の木場で修業したのに、帰ってきたら親父が会社をたたんでしまった。一人で不動産と建築の仕事を始めたのが、28歳のときかな。

　新潟って、80万人住む県庁所在地というイメージが強く、文化や歴史が脚光を浴びない。こんなに素敵なものがたくさんあるのに、みんな『取り立てて何もない』という。

　長岡とか新発田は城下町だけれど、新潟の特徴は徹底的に商人の自由都市。そして長さ70キロメートルの日本最大級の砂丘にできた町。僕は小路を歩き出した。そして、路地連新潟を作ったのだけど、『路地なんて貧乏くさい』という人もいた。どうして自分の町に誇りが持てないのか不思議でした。

　研究者を中心に、一級品の建築を残して文化財にするのはいい。そんな風に第四銀行、砂丘館などは残りました。でもそれだけでは足りない。普通の人が自分の町をいいと思わなければ町並み保存は根付かない。まずは町を歩こうと。それにはちゃんと案内できる人が必要だと。それで新潟市役所と組んで、横浜を参考に新潟シティガイド協会を作りました。あくまで住民主体。そうしたら行政の方から『僕たちも乗りますよ、応援しますよ』と言ってくれた。

　平らな新潟にポンと突き出したのが、ここ日和山です。北前船の入港、出港の天候や風待ちをここから見たんです。日和山って全国に80カ所以上ある。石巻の震災のときに住民が津波から逃げたところも日和山。そして頂上に住吉神社があることが多い。これが忘れられ、荒れ果てていた。新潟大学の先生や市役所と一緒に、海難事故の慰霊碑とか、7合目を整備しました。この山は大事だから隣に変なものが建たないといいなとずっとハラハラしていたんです。

　ついに、自分で隣地を買って、コーヒーとギャラリーの『日和山五合目』というのを始めちゃった。僕が館長、嫁さんが店長。2階に行くと日和山の5合目と同じ床の高さ。そしてピクチャーウィンドウで、日和山がバッチリ見える。陽気が良ければ窓は開けています。もう一つ、見てもらいたいのが信濃川を行く汽船が見える方角。そこにも小さな窓をつけた。螺旋階段を上ると屋上。新潟平野が一望できる。

　コーヒーやケーキの商いだから、これで生活はできません。でもこういう場を作れたということがうれしい。店から日和山を上り下りする人が見えます。ときには目が合います。ほら、今赤ちゃんを抱いた男の人が通ったでしょ。

　いや、今日はびっくりです。『谷根千』の路地の特集や『谷根千路地事典』には多くを教えられた。今では路地連とスリバチ学会と境界協会とドンツキ協会が相互協力し、『路地スリ境界ドン学会』を作って全国を歩いています。いろんな形で、こだわりやテーマを持って町歩きをする人が増えてきましたね。若者もシニアも。守るべきだとかでなく、町歩きが楽しい、見ることが楽しい、そこからでないと続かないでしょう」

　野内さんの着ていたTシャツがかっこよかった。新潟の町とカフェの場所が記された地図が描かれたものだった。

窓から見えるのは日和山への階段。

「日和山五合目」の店内、階段を上がるとちょうど5合目。

右／「日和山五合目」の経営者、野内隆裕さん。「現代に活を入れる」活動をしている人に与えられるというニイガタ安吾賞を受賞した。 左／新潟シティガイドで下町エリアを担当する伊藤頼子さん。テンポのいい案内は職人芸だ。

▶アクセス
上越新幹線で東京駅から新潟駅まで約2時間
▶ガイド
新潟観光コンベンション協会
https://www.nvcb.or.jp

●取材年月／ 2019年4月

城《じょう》端《はな》

富山県南砺市城端

お祭りのクライマックス。夜、提灯をつけた曳山が続く。ユネスコ無形文化遺産・重要無形民俗文化財でもある城端曳山祭は、毎年5月4日・5日に開催される。

建築好きにはこたえられない。
曳山巡行の古い町で居心地のいい庵の宿に泊まる

　城端という古い町の曳山祭を愛する地元の山口誠さんが、８年ほど前に、石川県七尾のでか山（青柏祭の曳山）のあと、城端の曳山に来ませんかと誘ってくれた。七尾が５月３、４、５日、城端が４、５日と祭りが行われる。それは七尾の勇壮な海の男の祭りとは違う、華麗で繊細な祭りだった。

　城端と書いて〝じょうはな〟と読む。合併して今は南砺《なんと》市のうちである。そもそもは16世紀に荒木大膳という豪族がこの土地に城を築き、城ヶ鼻城といった。やがて帰依していた真宗大谷派の善徳寺を城端城（町の鬼門）に招致したため、４と０のつく日に六斎市が開かれ、寺内《じない》町《まち》として栄えるようになった。さらに北野村伊勢領から神明宮を遷座する。曳山祭はこの社のお祭りである。

　近年、町は寂《さび》れ、空き家が目立ってきた。それで山口さんは「曳山が運行する町の背景を乱したくない」と松平保夫さん、山下茂樹さんと空き家を買って保存活用することを考えた。最初に地元の仲間でじょうはな庵《いおり》（旧中谷家住宅）を買い取る。これに呼応したのが景観に強い弁護士の日置《ひおき》雅晴さんと圭子夫人。

　実行力に富む２人は曳山（山車）とそれを先導して巡行する庵屋台《いおりやたい》の優美さに惚れ込み、山口さんを応援して友人を集め一般社団法人「城端景観・文化保全機構」を設立、１口10万円、２口以上の出資を募り荒町庵（旧米田楼）を買い取った。そして行政からの援助を得て、それを修復した。さらに、東下町の東町庵も同じように取得、修復した。じょうはな庵と荒町庵の２つは国登録有形文化財。東町庵は祭りの時期、神様の山宿としても使うので地域からも歓迎された。

　２０１７年５月、私は七尾から城端駅へ向かった。１８９７（明治30）年築の

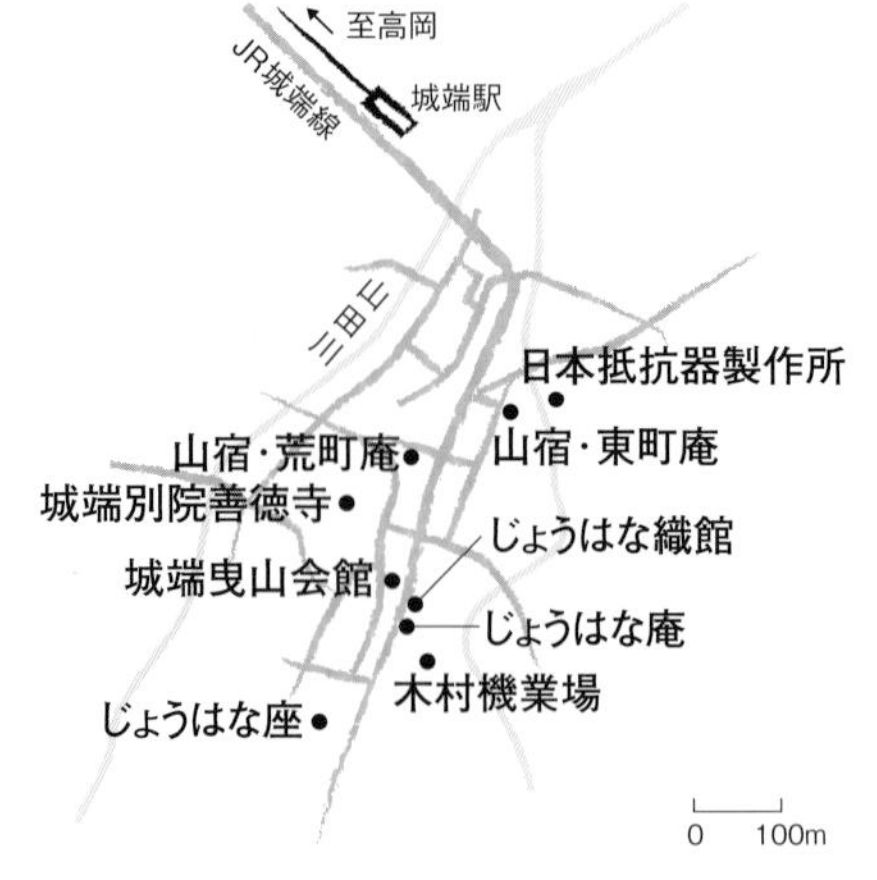

上／日本抵抗器製作所の見事な鋸（のこぎり）屋根の工場。
下／大きな木造工場の木村機業場。黒い能登瓦がピカピカに光っていた。

瓦屋根の駅舎で、淡い緑の下見板が優しい。山田川を渡ってじょうはな庵に到着。曳山祭ツアーの参加費は2泊4食込みで2万2000円。

　荷物を置いて町にでる。呉服屋さん、仏壇屋さんが多い。携帯ショップがない。腹ごしらえと思ったが、食事するところは少なくどこも混んでいた。後で聞くと「城端着倒れ、福光食い倒れ」と言うらしい（福光は同じ南砺市の地区）。ようやく喫茶店でソースカツ丼にありつく。

　祭りの準備の様子を楽しみながらブラブラと町を歩いた。馬の背のような町の中央に国道304号線が通っている。行政は道を拡幅するときには修景を行い、市営住宅も在来工法で建てた。曳家のできるところはした。じょうはな庵も曳家だ。隣には国登録文化財じょうはな織館《おりやかた》という1928（昭和3）年築の擬洋風建築がある。絹織物も今は衰退、機織りの体験ができる観光施設に生まれ変わっている。この町、建築好きにはこたえられないかも、とワクワクする。

　まずは巨大な善徳寺へ。江戸時代の棟梁、山村与四郎の仕事で、山門、本堂、鐘楼堂、太鼓堂が、県指定文化財となっている。建物に施された滝を登る鯉の彫刻に見とれてしまう。洋風の桂湯は昭和初期の建築か、雑貨屋さんになっていた。絵地図を頼りに、「水」という防火のおまじないのような蔵印を見たり、吉村絹織工場の見事なトラス構造を見たり、素晴らしい鋸《のこぎり》屋根の日本抵抗器製作所、崖の上に毅然と建つ土蔵などに見惚れる。やっとのことで今日の宿、東町庵に戻って来た。

　すでに1階には立派な屏風が張り巡らされ、大黒様が鎮座し、朴《ほお》の葉がいけてあった。山宿なので、神像の上の部屋は使えない。幹線通りから1本裏なので、いたって静か。「城端景観・文化保全機構」代表の松平保夫さんは、郷土史家である。「うちは父が大工をしておって、私は配電の仕事、祭りの電灯などは消えたらなんぼでも直せます」という。松平さんに聞いた話はまるで、「城端資本主義発達史講座」であった。

「徳川幕府が開かれると、ここは加賀前田領になり、藩は城端での蔵宿経営を奨励し高利貸しも認めました。そうすると田畑のない周りの村の農家の次男、三男がここに出て、武士の給付米（知行米）を保管販売したり、五箇山との貸方（銀行）業で大変に繁盛したんです。北前船で儲け、高利貸しでも儲けた。

　この辺の主要産業はその頃、五箇山で取れる塩硝です。ご存知ですか、塩硝は蚕の糞とよもぎを発酵させて作られる。これは加賀藩に物納され、藩の財源となった。もう一つの産業は養蚕で、製糸や絹織物が始まった。

　このような繁栄を背景に、享保の頃不況打開を神様にお願いしようと曳山祭がはじまった。神明宮のお神輿に曳山が供《ぐ》奉《ぶ》する形です。恵比須、大黒天、布袋、堯王、寿老人、関羽と周倉という神像を載せた6台の曳山が町を巡ります。その先払いとして庵屋台というのが考案された。江戸も末期の文化文政時代ですね。折しも、文化7（1810）年に城端の町の7、8割が焼ける大火事があり、復興の景気付けもあったのではないか。城端の商人も絹を売りに京都や江戸に出ることがあり、都の手振りをわが町に持ち帰ったのが庵屋台ですね」

6時半から伝統芸能会館のじょうはな座で開会セレモニーがある。城端神明宮の宮司さんは女性で、舞台では獅子舞や庵唄も披露された。そのあとじょうはな庵で懇親会。皆口々に夢を語る。お酒もたっぷり振る舞われた。ほろ酔い気分で、祭り提灯の灯《とも》る町を東町庵に帰り着く。2間間口の脇を土間が通っている。自分の家のような気がする。改修したばかりのきれいなお風呂に入って寝た。

いよいよ、5月5日の菖蒲の節句。朝、大黒様を曳山の上に載せるのが見ものだった。神像を白い布でぐるぐる巻き、一人が背中に担いで、それをみんなで支えながら、ずるずると後ずさりして畳の上を移動させ、そこからむしろを敷いた上を通って、梯子の段をそろそろと上って

上／1928年建築、スクラッチタイルのじょうはな織館。
下／町は川にはさまれた尾根道にある。尾根道の裏は谷になっていて、遠くの山がよく見える。

いく。100キロはあるというが背負っていたのは65歳の山下茂樹さん、城端曳山会館の館長だ。下ろしたのは息子さん。

荒町庵にお邪魔して朝ごはん。元は米田楼という料理屋で、大きな下駄箱がある。奥は土間で大きなテーブルに8人くらい座れるようになっていた。地元の仲間が朝ごはんを作ってくれた。ご飯に味噌汁、漬物にだし巻き卵、鮭の塩焼き、納豆の豪華版。荒町庵の土間とキッチン、テーブルはよくできている。古民家に憧れていても、日常生活は洋式だから、すべて畳の部屋では使いにくい。テーブルと椅子がどこかにあるとホッとする。

いよいよ、朝10時に東町庵で庵唄所望《しょもう》に参加。6台の曳山と庵屋台が全部まわってくる。山それ自体も精巧で装飾的なもので、彫り物一つも目が離せない。神像は堯王が一番早く享保元（1716）年、木屋仙人の作、あとはすべて荒木和助という人形師が作ったものだ。

山の前触れに庵屋台が来る。昔は屋台を人力で運んだようだが、今は下に車がついている。名乗りをして次々唄を唄う。京都や江戸に絹を売りに行った商人たちが、出先で接待やお茶屋遊びを覚え、それを故郷の人にも見せたい、自慢したい、おすそ分けしたいと思ったらしい。そこで、京都のお茶屋を模した庵を組み、その中に三味線や笛の人をいれ、端唄を唄う。それが庵唄。

この年の東上町の庵唄は「宇治茶」。

「宇治は茶どころ、さまざまに、中に噂の大吉山と、人の気に合う、水に合う、色も香もある　濡れた同士、粋な浮世に、野暮らしい、こちゃこちゃ　濃茶の仲だ

上／羽織袴姿で正装し、庵屋台に乗り込む準備万端の唄い手や三味線の人たち。
下／曳山祭の朝、大黒様を白い布でぐるぐるに巻いて、みんなで曳山に載せる。

右頁・上／手前が庵屋台で、それに続くのが神像を載せた曳山。この屋台と山で1セット。 右下／元遊廓の荒町庵の2階から曳山を眺める。ちょうど神様を見下ろさない高さ。狭い横町を建物すれすれに通っていく。 左中／庵屋台。ここに唄い手と三味線や笛の人が乗り、所望を受けて、庵唄を唄う。 左下／庵唄を山宿の後ろの方で聞く。

もの」という上方端唄系。

　わが東下町は「五月雨《さみだれ》」。粋人として知られた日本銀行総裁・川田小一郎の作詞。「さみだれに池の真こもに水増して、いずれがあやめ、かきつばた、定かにそれと吉原へ、ほど遠からぬ水神の、離れ座敷の夕映えに、ちょっと見交わす富士筑波」という江戸端唄系。

　愛人を連れて、向島の水神の八百松で遊んだときにもう一人の愛人と鉢合わせになり、とんだ鞘《さや》当ての言いのがれに川田が作ったものだという。作曲はこれまた明治の美人で知られた清元お葉。

　庵唄を所望する人はご祝儀を出すが、出した人は着物の礼装で一番前の座布団の上に正座。庵屋台は歌を書いた短冊を扇子に挟んでくれる。礼をして去っていく。

　聞いたところ、若いうちは庵屋台、42歳の初老になると山車の係になるのが通例。上に乗るのは大工、これは柔構造でできているので、相当ゆらゆらと揺れるから。また狭い路地を通るときには屋根をパタパタとたたんで身を小さくする。

　たっつけ袴をはき、拍子木を持って曳山の運行を差配する人が3人。町の顔役は羽織袴、町によっては下駄だが、草履のところもある。皆役どころを心得てそれぞれかっこいい。

　今日の昼ごはん。理髪店が一日商売がえ、富山名物白えびの天ぷらをのせたうどんを５００円で出していた。子供までエプロンをかけ、健気に手伝う姿がいい。

　3時半頃には今度は荒町庵の2階から見る。2階が低く神様を見下ろすことにはならないので許されている。ご子孫も来られ、「ああ、昔のまんまやわ」と喜ぶ。「子供の頃、ここに足かけて、おかし食べながら、かぶりつきで見ていました」。お茶屋だったんですか。「お茶屋というか、料理屋兼女性と遊ぶところやわ」

　夜、大通りに提灯をつけた曳山と庵屋台が集結して、城端庁舎前で引き返す。それはそれは迫力ある見事な眺めだった。

　祭りも終わった朝、日置圭子さんに法人設立の経緯を聞いた。

「２０１６年に城端に来たとき、荒町庵に売家の看板が出ていた。解体されて駐車場になるのではないか、と思い、２００万円でとりあえず買うことにして、知人たちに呼びかけたらあっという間にそれ以上集まった。たくさんの人が関わる方がいいんです。でも共有にすると相続とか大変」と圭子さん。

　法律家の日置先生が引き継ぐ。「一般社団法人がいいだろうということになった。個人の財産では補助金が取れない。行政としてもやりやすい。ということで、修復の方は、国交省の空き家再生事業の補助金で国、市、持ち主の自己負担分が3分の1ずつ。そのとき、所有者負担分のまた半分を県が補助してくれ、備品整備費もついた」

　すごい。それであんな立派な座布団や、テーブルも入ったんだ。

「1週間で申請書を書き、2週間で請求

書、3週間で領収書まで作りました。交付が決定しているから金融機関は喜んで修復金を貸してくれました。お祭りのないときには将来、気の合う仲間で別荘みたいに使っても楽しい。別荘だと草むしりも、布団干しも自分でやるわけですが、山口さんはじめ地元の仲間がいてくれて心強い」

でもどうして住民はそんなに町を出ていくのでしょう。山口さんがいう。

「高校を出ても就職口がありません。それで住み継ぐ人がいなくなって空き家が多くなります。税務上の評価より市場価格はどんどん下がっています。それでも税務上の価格で固定資産税も相続税もかかってくる。遠くに家を持っていると維持管理に手間もかかるし気にもかかる。普通の人は古民家をそのまま使おうとは思わないので、更地にしないと売れません。そうすると撤去費用だけで最低２００万円。さらに例えば1坪3万、３００坪で９００万の土地を４５０万円未満で売ると低額譲渡でみなし譲渡課税になる。面倒なので市に寄付しますと言っても、よほど意義のある土地でないと受け取ってはくれません」

「それでじょうはな庵は新しい売り方の例になった。残して登録文化財にしてみんなで使う。次に東町庵も修復して山宿になった。そうなるとうちも買ってもらえないか、という話もきます」と日置弁護士。

日置夫妻の熱意にほだされて、大企業の重役、ビジネスコンサルタント、司法書士、編集者、銀行家、都市計画家、建築家、法人監査の専門家までお金も知識もある多種多様な人が知恵をしぼる。今回も、多くの拠金者が祭りを見にきていた。

「来慣れてしまえば、長逗留すればいい。お金を出し合った仲のいい人々で、ひと夏、城端で暮らす。ここは朝夕涼しいし。車でちょっと走れば金沢や富山、高岡、氷見、白川郷、高山、飛騨、古川、五箇山、伏木、個性的な町を楽しめ、温泉もあります」と日置圭子さん。

3日目。2夜泊まると、みんな東町庵を「うちの宿」、大黒様を「うちの神様」などと言い出す。面白いものだ。祭りの余韻を荒町庵で味わった。松平さんの郷土史談義をゆっくりと聞く。私たちの松平〝教授〟。

昼飯を食べてそろそろ引き上げようというと山口さんが「しまった。今日はお店が一軒は休み、もう一軒は1時半で閉まる」と慌てる。日置弁護士悠然と、「じゃあ、僕がうどんでも作りましょう」とお店で材料を買い、うどんをふるまってくれた。荒町庵にはキッチンも道具、食器もある。

帰りは北陸新幹線で新高岡から2時間半だった。

▶アクセス
北陸新幹線新高岡駅からJR城端線で城端駅へ（約50分）
▶ガイド
城端曳山祭
毎年5月4日・5日（宵祭りの4日は夕方から。5日は9時から23時頃まで）
南砺市観光協会
https://www.tabi-nanto.jp

●取材年月／ 2017年5月

信《しな》濃《の》追《おい》分《わけ》

長野県北佐久郡軽井沢町追分

本やアートを愛する人の「文化磁場」。分去《わかさ》れの宿《しゅく》は夏の終わりか秋がいい

軽井沢は苦手だ。カナダ人宣教師のアレクサンダー・クロフト・ショーが軽井沢に別荘を建てた1888（明治21）年頃は、つつましい、祈りと思索の場だったはず。その後、上流社会の避暑地となり、財界人、政治家、芸能人もこぞって別荘を持ち、アウトレットモールまでできている。簡素で風通しが良かった軽やかな別荘は冬も使えるように断熱が施され、巨大に重々しく建て直されている。真夏の旧軽の通りは雑踏だし、国道18号線は渋滞で車が動かない。

そこへいくと、しなの鉄道で2つ先の信濃追分は嘘のように静かだ。中山道の宿場で北国街道との分岐点、土地の人は「分去れ」と呼ぶ。幕末には天狗党も通ったし、皇女和宮も通った。もっとも和宮の場合、「追分」の地名が、これから将軍家茂と夫婦になるのに不吉だといい、一つ先の沓掛《くつかけ》宿（現在の中軽井沢）に投宿したという。追分には敵から守るための枡形内にあった茶屋、浅間神社、高札場跡も残っている。

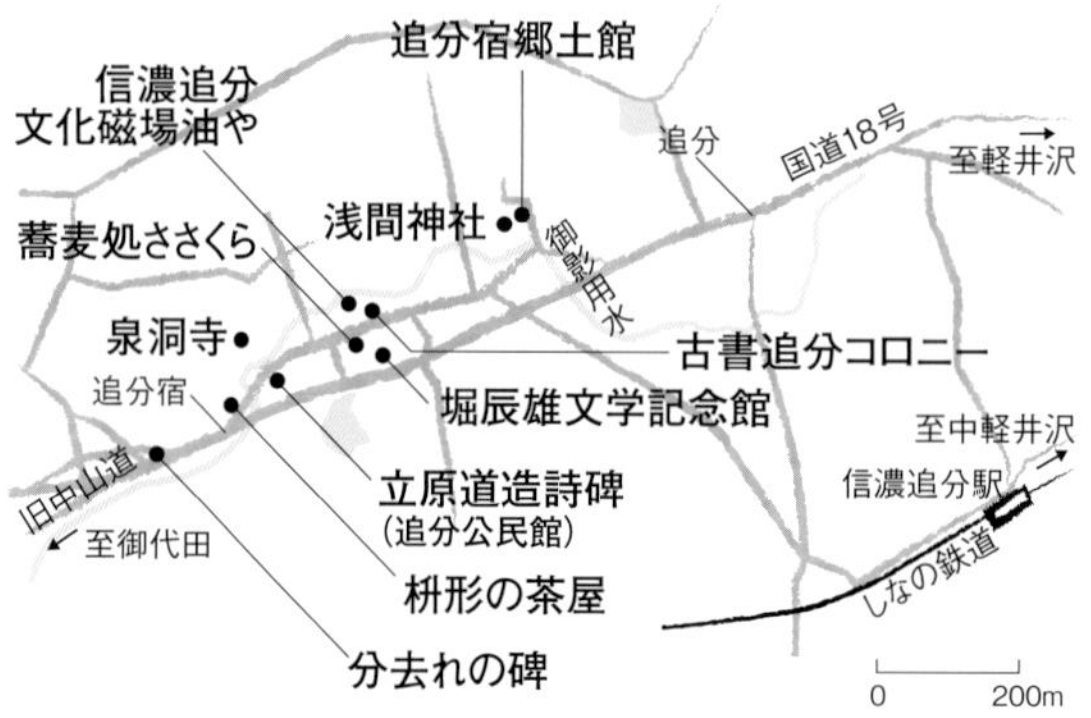

仲良しの河合桃子さんは、旅雑誌の編集者だったが、子供の頃から信濃追分に縁が深い。

「うちの母は成女学園の国語教師で、夏はここの寮の寮母として滞在していました。子供の頃から来ているから、懐かし

しなの鉄道の信濃追分駅。ホーム越しに浅間山も見える。

いところです」という。

「聞いた話では、信濃追分の夏の臨時停車場はもっと御代田《みよた》よりにあったらしいの。あんまり寂しいんで、鉄道省の役人が別荘を造ったと聞きました。戦前から『油屋』の小川誠一郎さんが、静かに勉強する人のための避暑地にしたいと、東京女子大、青山学院、成女学園、宝仙学園などの寮を誘致した。泉洞寺《せんとうじ》の当時の住職も、戦後、学生を受け入れた。犬小屋みたいなバンガローが裏手に建ってたから、ワンガローなんて呼ばれてね。学生さんが小屋の縁《へり》に座って足をブラブラさせたり、ハンモックで昼寝したりしてたそうです」

　早稲田大学セミナーハウスができたのはかなり後だが、私は夏でも寒いので毛布をかぶって、夜中まで政治哲学の議論をした記憶がある。

「早稲田の先生の別荘も多かったですね。みんなそうお金がなく、小ぶりで簡素な家を建て、別荘でなく山小屋と言ってました。それも油屋の小川さんがお世話なすったそうです」と河合さん。

　私の伯母近藤富枝は40年ほど前に、母

校東京女子大の土地を分けてもらって追分に小屋を建てた。私は小さかった子供を連れて、その山小屋に泊まった。伯母は庭に立原道造の愛したユウスゲの花を咲かせて喜んでいた。

伯母はそれまでに『本郷菊富士ホテル』『田端文士村』などの文壇資料を書いていた。その田端ゆかりの芥川龍之介も、弟子にあたる堀辰雄も、追分にあった旅館「油屋」の客である。堀に心酔した詩人立原道造が24歳で亡くなるまでの2、3年、追分を愛したこと、堀も48歳で亡くなるまで追分に住んだことを知って、ここを舞台に『信濃追分文学譜』を書いた。道造ファンの伯母は「あんなに若く亡くなると、汚れなくていいわね」というのが口癖だった。自分も日本橋の商家の生まれだけに、日本橋に魚河岸があった頃、魚を入れる木箱を製造する家に生まれた立原道造が、近しく思えたのだろう。

とは言っても立原の先祖を調べると、江戸時代の儒者の立原翠軒、その長男で南画家の立原杏所《きょうしょ》という系譜に行き着く。文人の家系なのだ。そう言えば芥川、堀、立原は府立三中（現在の都立両国高校）の同窓。確かに、下町のゴミゴミした下見板張りや瓦屋根の町に育ったものは、碓《うす》氷《い》峠の向こうに、外国人の多い、涼しい風の吹く、知的な世界があることに驚いたのではないだろうか。そこは洋行しないでも行ける西洋であった。

立原は一高から東京帝国大学で岸田日《ひ》出刀《でと》に建築を学び、在学中に3度、辰野金吾賞を受賞、石本建築事務所に1年少し勤めた。1937（昭和12）年11月19日、立原が投宿していた油屋は火事になり、同宿の堀辰雄は出かけていて難を逃れたが、立原はすんでのところで焼け死ぬところだった。消防団が2階の窓の桟を切って救出したという。

「油やプロジェクト」を立ち上げた斎藤尚宏さん（左）と祐子さん。

油屋は常連客の拠金で翌38年、道の真向かいに移転し再建された。しかし、火事の恐怖が立原の繊細な神経をいためたのか、結核が悪化して39年3月29日に亡くなっている。その油屋も、平成の中頃に宿屋を閉業した。

「追分の象徴、油屋さんが売りに出ると聞きました。とんでもない人が買って、更地にして分譲されたらたまらない、そう思いました」というのは斎藤祐子さん。斎藤さんの実家は土屋といって、焼失前の油屋の向かい側で、柳屋市兵衛が「柳屋」の屋号で商売をしていた。

「明治になって鉄道ができると街道も寂れました。もともとこの辺、浅間山の火山灰で何も育たない土地です。うちの曽祖父は明治の半ば、追分で生きていくのは無理だと上京、京橋で会社を起こしました。祖母の土屋滋子は、石井桃子さんたちと家庭文庫（現在の東京子ども図書館の母体）を始めた仲間です。私は夏になると追分で祖母と過ごすのが好きでした」

上／追分の象徴、油屋。焼失後の翌1938年に長野県小県郡丸子町（現・上田市）の豪農の建物の部材を使って再建、2012年に傷んだところを修理し、「信濃追分文化磁場油や」として営業を開始。ギャラリーや古書店、イベント会場、素泊まりの宿泊施設などがある。
下／「油や」のエントランスにある追分喫茶室。元は応接室だった場所。

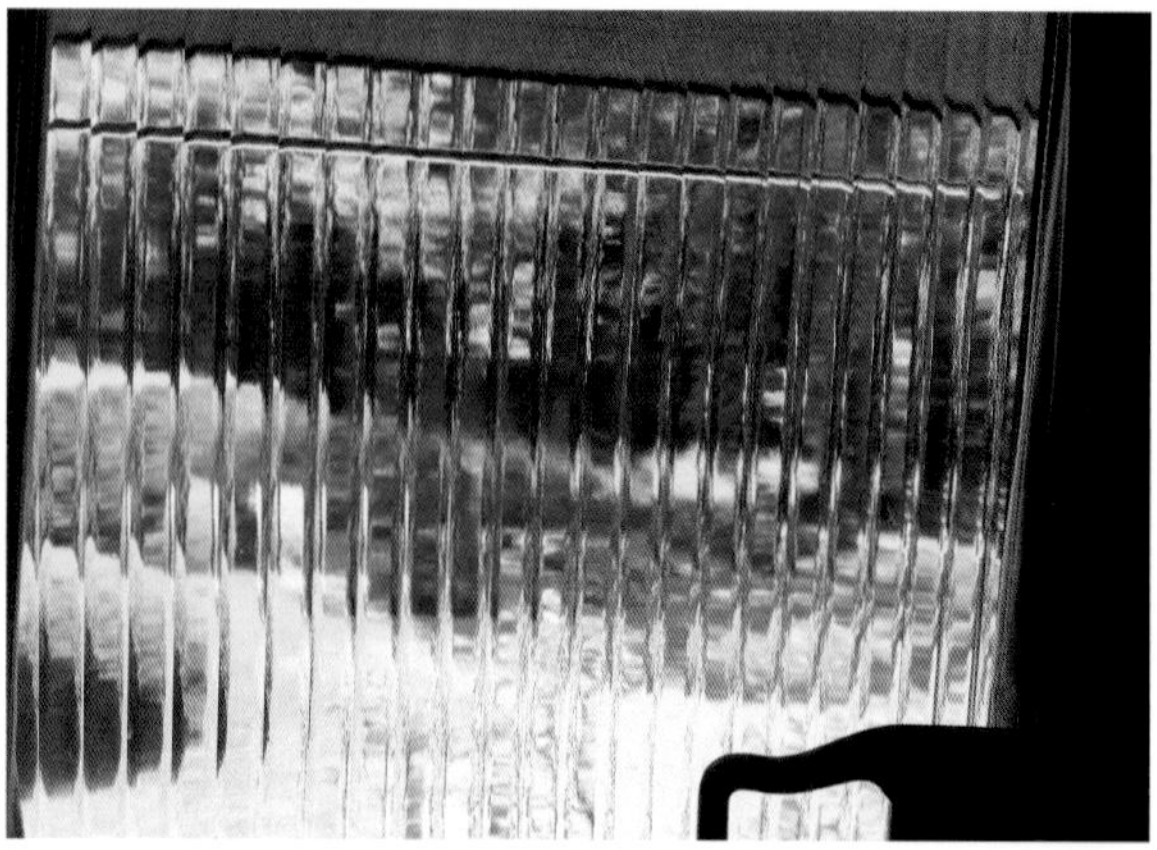

上／頑丈に組まれた軒が大きく張り出した、街道筋の典型的なスタイルの木造民家。
下／建築家白井晟一が東京・中野に建てた自邸を、親交のあった現代美術評論家の海上雅臣が譲り受け、信濃追分に移築。「正法適々軒」と名付けられた近代和風建築。窓にはめ込まれたモールガラスがすてき。

右上／堀の終焉の地にある堀辰雄文学記念館。堀は1944年に疎開と療養を兼ねて追分に住み、51年に家を建て、亡くなるまでの1年10カ月をここで過ごした。
左上／その敷地内には、堀が建てた書庫が当時のまま残されている。
右下／堀辰雄が1941年にアメリカ人スミスから買った「1412番山荘」。堀を慕う文学青年たちがここに集った。現在は軽井沢高原文庫に移築保存されている。

一方、夫の尚宏さんはいう。

「僕は銀行に勤め、アメリカでＭＢＡ（経営学修士）をとってニューヨーク勤務していたのです。バブル以降の銀行のあり方に疑問を持ち、早期退職しました。仕事のストレスは本で癒やしてたんですね。本の虫で、蔵書が１万冊もあったので、まずそれでも売るかと、妻の実家、土屋の店のあった場所で『追分コロニー』という古本屋を始めました。それは文化人の多く来る軽井沢町に本屋さんが少ないのが悲しかったこと、また立原道造が夢想した幻の『芸術家のコロニー』を引き継ぎたいという思いがあったからです。油屋を取得する件については銀行でのノウハウが役に立ちました」

油屋を救いたい、祐子さんの切実な思いを尚宏さんが応援した。夫妻は２０１２年にスポンサーを見つけて油屋を取得、ＮＰＯ法人「油やプロジェクト」を開始。元の旅館の建物は「信濃追分文化磁場油や」となり、旧旅館の広間や食堂、浴室に、ギャラリーや古本屋、雑貨やアロマなどの店が入った。コンサートや演劇、広い庭では年に一度、本とアート・クラ

追分から望む浅間山の姿は立原道造を魅了した。

フトの青空市「ホンモノ市」を催す。春から秋までの半年の営業である。

「僕たちの暮らしを豊かにするもの、それは本であり、アートであるのに、アーティストは食えません。それはおかしいのではないか。グローバル経済の中で、世の中はいい方へは行っていない。こんな社会にしてしまった自分たち世代の責任もあるから、お金もないのに、若いアーティストを応援できないかと思ったんです」

　夏のうちは看板と緑多い開かれた雰囲気に惹かれて、お客がひっきりなしにやってくる。玄関を上がると昔の油屋の写真や、川端康成、志賀直哉、室生犀星が仲間とここに滞在したときの色紙などが飾られている。資料室併設のカフェではコーヒーやジンジャーエール、クリームソーダなどを出す。中庭にも大きな天幕が張られた気持ち良いテーブル席がある。ここでは小さなコンサートやパフォーマンスも行われる。

「手伝ってくれているのは、追分ゆかりの人々。みんな、この油屋という磁場に惹きつけられてきた人たち。それぞ

夏の終わりの追分の空。

れどこかに縁がある。私もまさか、この歳になっていろんな人と楽しい時間を過ごせるとは思ってもみませんでした」と祐子さん。

調べて驚いた。昭和に焼ける前の油屋には森鷗外、島崎藤村、田山花袋、夏目漱石、芥川龍之介、北原白秋、折口信夫、井伏鱒二も来ている。そして、火事後の再建には室生犀星と堀辰雄が発起人となって、立原道造や網野菊などたくさんの人たちが拠金している。油屋はみんなにとって大事な文化磁場だったのだ。

戦後、この周辺に、加藤周一、福永武彦、石井桃子、後藤明生、加賀乙彦、早稲田の仏文学者平岡篤頼、シャーロック・ホームズ研究家の医師小林司などが山小屋を持った。今「文学散歩道」と称しているが、現在もご本人やご子孫が使われているため、特に地番や氏名は明らかにされていない。

「油や」の2階の何室かは素泊まりできるようになっている。いつもそこに泊めてもらう。入り口はドアで、小さな床の間のある6畳には机もあり、マットレス、敷布団、毛布、夏でも明け方は寒いくらいなので羽布団。シーツも清潔で私には十分な宿である。共用のトイレとシャワー室が男女別にあるし、滞在者用の冷蔵庫、ウォータークーラー、夜遅く、お腹が空いたときのためにインスタントラーメンなども「正直自己申告」の缶とともに置いてある。

宿泊費をチェックインのときに先払いし、朝は早くから鍵をフロントにおいて、山登りやテニスなどに出かける人が多いようだ。

私の楽しみは河合桃子さん、斎藤祐子さんらと夜、道を挟んで目の前のおいしい「蕎麦処ささくら」へ行くこと。酒のつまみがたくさんあって、刺身もいいし、天ぷらや春巻き、ナスの田楽、最後にもり蕎麦をクルミだれか、つゆに大根のしぼり汁を入れて食べる。半人前もオーケー。車で軽井沢の別荘族も来るが、私たちは酔っ払っていても宿の玄関まですぐ、這って帰れる。まさに食泊分離、土地の文化と歴史を大事にするイタリアのアルベルゴ・ディフーゾの思想に似通っている。

北国街道と中山道の分岐点にある「分去れの碑」。
左手が関西方面、京都へ向かう道。

立原道造が好きだったユウスゲの花が咲いていた。

朝は、入り口で売っているパンをかじって、コーヒーを飲み、別荘の点在する緑濃い道を「１０００メートル林道」まで歩く。かつて立原道造が千ヶ滝別荘で過ごす中村真一郎を訪ねた道だ。

歩いて行ける範囲にカフェやギャラリー、追分宿郷土館、本陣の門を移した堀辰雄文学記念館もある。追分は軽井沢町のうちで、他にもたくさん記念館などの文化施設があり、軽井沢町では６００円で5館の対象施設に入れる共通券もある。今回は車があり、旧近衛文麿別荘（市村記念館）が夏で公開していたので見学した。日中戦争突入時の首相で、東京裁判を恐れて自決した近衛文麿が大正の末に購入したという。その後、曲折があり今のところに移築された。「あめりか屋」という住宅会社によって建てられたこの洋館は、天井も高くて気持ちがいい。この一帯は甲州財閥の雨宮敬次郎が55万坪という広さの土地を持っていたが、今は軽井沢町に寄付されたという。

伯母の家を継いだいとこの陽子ちゃんはいう。

「寒い土地の別荘は大変よ。冬は水道が凍ってしまうし、管理を頼むと費用がかかる。夏に行ったらまず家の掃除ね。林の中だから湿気がこもってカビが生える。テーブルや本にもカビが生えたのを見ると、気持ちが腐るわ。でも両親は本当にここが好きで、追分会の人たちとも仲良くしてた」

軽井沢駅前にあったりんどう文庫の大久保さんが文学の話をしにくる。農家の方が「もうそろそろと思って」と野菜をどっさり届けてくれる。追分会という別荘を持つ人と地元の人の集まりでは、夏の始まりと終わりに会が持たれ、途中でバスハイクもある。音楽会や盆踊りもある。

「そんな追分での夏を母は満喫したと思うわ。次の私たちの世代にその付き合いが続くかしら。心もとないけど」

伯母は追分の夏をこよなく愛し、２０16年に93歳で亡くなった。同じく追分で読書や執筆に余念がなかった伯父土門周平もあとを追うように逝った。19年9月、伯母を記念する文学碑が別荘内に建った。

旧中山道追分宿。右の建物は亀田屋。駄菓子屋としてときどき営業。

　でも私には油やがある。油やも11月に入ると閉めてしまうけれど、何度でも来たい。1回来ただけではわからない。2度目に来ると前のことを思い出して懐かしい。追分にいると、立原とゆかりのある、私の出会った人のあれこれを思い出す。東京本郷のペリカン書房の品川力さんに聞いた、病室の立原が「五月の風をゼリーにして持ってきてほしい」と言った話、立原と古本屋を巡った一高仲間の杉浦明平さん、府立三中の同窓で石本事務所の同僚だった建築家の海老原一郎さん……。思い起こすぼんやりした時間がこよなく大事に思える。立原の詩を読めば、信濃追分の景色が見えてくる。
　それには夏の終わりか秋が良い。

▶アクセス
北陸新幹線軽井沢駅からしなの鉄道で信濃追分駅へ（約8分）。駅から追分宿までタクシーで約10分
▶ガイド
信濃追分文化磁場油や
https://aburaya-project.com

●取材年月／2019年9月

塩《しお》屋《や》

兵庫県神戸市
垂水区塩屋町

クラシックな洋館は生き残った！
海と山に囲まれた風通しのいい町へ

京都で用を済ませて、神戸北野ホテルを目指した。ここは1995年の震災で被災したが、2000年にシェフの山口浩さんがオーベルジュ（宿泊施設付きレストラン）というスタイルで再建。「世界一の朝食」が著名だ。

2018年11月。今回、神戸に講演に呼んでくださった麻《ま》殖《い》生《お》光弘さんとホテルの前の「東天閣」で打ち合わせをする。神戸に特有のコロニアルスタイルの洋館だ。1894（明治27）年にドイツ人、F・ビショップが家族のために建てた家だという。1945年に中国王宮料理店としてオープン。フカヒレ入りのスープなど4品のセレクトランチ（2500円）をいただいた。なかなかおいしい。

その後電車で舞子にある重要文化財の「移情閣」を見に行き、塩屋の漁港までタクシーに乗り、漁港から見える山側の塩屋の景観を楽しんだ。山と海に囲まれた細長い地形にたくさんの家が建ち並ぶ。元は塩も生産する魚村だったが、1888（明治21）年山陽鉄道本線（現・JR山陽本線）の敷設に関わったイギリス人鉄

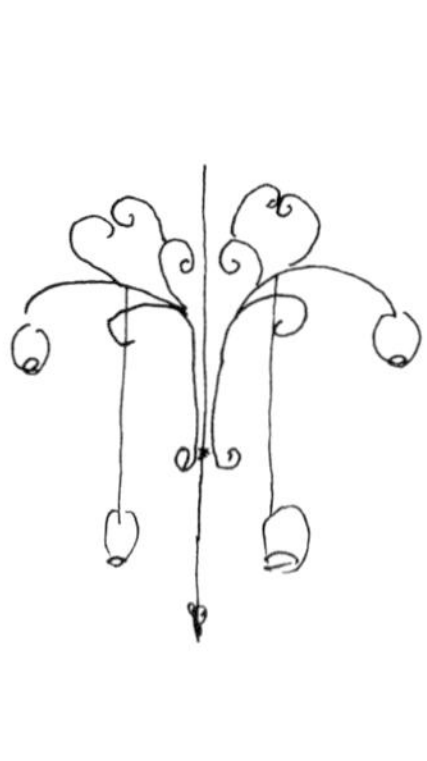

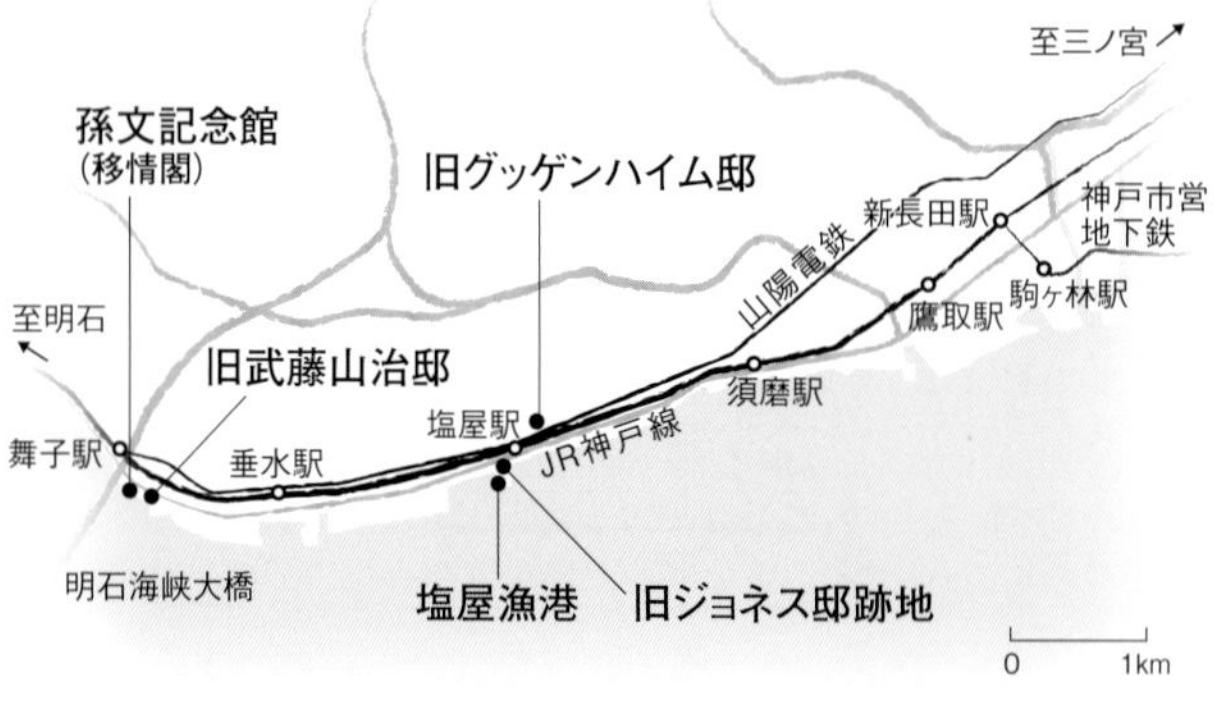

旧グッゲンハイム邸全景。走っているのは山陽電鉄の電車。並行してJRの線路がある。

道技師たちが住み始めた。それから神戸の外国人貿易商、関西在住の日本人実業家などが、都会の喧騒を離れ、海の見える景色を愛して洋館を建てた。

　漁港から塩屋駅まで歩く。旧グッゲンハイム邸のオーナー家族の一人、サラ・デュルトさんが駅まで迎えに来てくれた。サラさんはお父さんがベルギー生まれの仏教学者、お母さんは日本人のステンドグラス作家という。長身のかっこいい女性であった。

　塩屋はＪＲと山陽電鉄のホームが並んでいる。駅前にはロータリーもなく、そのまま小さな商店街へ続いている。東京の郊外の町は、たいてい私鉄の駅前にロータリーをつくり、再開発をしてしまった。そうしなかったところがすばらしい。八百屋さん、豆腐屋さん、カレー屋さん、みんな塩屋の町を愛している様子。キーパーソンと呼ばれる豆腐屋の田仲盛秀さんは、悩める若い女子の相談に乗り、この夏は一緒に日暮れに海で泳いだりしたという。確かにこの海で泳げば悩みなど吹っ飛ぶに違いない。

　夕方5時半ごろ旧グッゲンハイム邸に

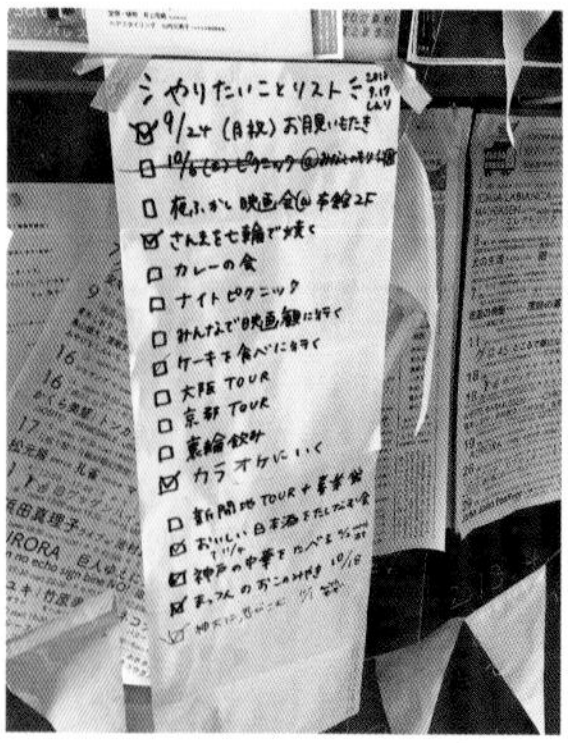

右／旧グッゲンハイム邸の管理人の森本アリさん（右）と妹のサラさん。
左／事務所に貼られた「やりたいことリスト」。なんだかとても楽しそうだ。

到着。サラさんのお兄さんで管理人の森本アリさんが待っていてくれた。

　講演会は無事に済み、神戸北野ホテルに戻った。この日は遅かったので、翌朝はゆっくりお風呂に入り、チェックアウトギリギリまで部屋を楽しむ。ホテルが面するトアロードという道の名は昔、トアホテルというのがあったからだそうだ。

　昨日聞いた話が忘れられなくて、もう一度、塩屋を目指す。10時半には塩屋駅に着いた。旧グッゲンハイム邸は貸しスペース中心。今日は日曜日、結婚式の準備中、庭を使ったオシャレなパーティがケータリングで行われるらしい。

　ドイツ系アメリカ人の貿易商グッゲンハイムがこの家を建てたのは１９１２年頃。グッゲンハイムは「パインズ・シオヤ」と親しみを込めてこの家を呼んだが、住んだのは6年ほどという。建築家は当時、神戸にいたイギリス人のアレクサンダー・ネルソン・ハンセルではないかといわれている。その後、川畑家、稲畑産業、竹内油業と3度持ち主が変わり、最後は竹内油業の社員寮になっていた。２０００年代に入り寮は廃止され、建物は徐々に老朽化していった。

　古い建物が好きで、自分の町の洋館が壊されるたびに胸を痛めていたサラさんは、持ち主に粘り強く交渉して、ようやく見学させてもらった。サラさんとアリさんの母、康代さんにとっては憧れの洋館であり、「なんとも哀れで建物が泣いている」と感じていた。自分の結婚パーティにこの建物を借りたいと申し出たが、持ち主からはもう売ることになったので、貸せないと返事がきた。ショックを受けたサラさんは泣いたという。

　同じ頃、ヴォーリズ設計の旧室谷邸が業者に売られ解体。文化財登録も抹消された。このニュースを見て、持ち主は考えを変える。「残し、守ってくれる人に譲りたい」。森本家では家族会議の末、買う決断をした。森本アリさんは著書『旧グッゲンハイム邸物語』（２０１７年、ぴあ刊）で経緯と価格を書いている。再建築不可なので広い邸が驚くほどリーズナブルだった。それでもステンドグラス作家と仏教学者の夫妻には大変な額だった。家族の貯金をかき集めて邸を買った。

2007年9月30日、サラさんは念願の結婚パーティを開き、翌日より一般利用を開始した。

戦後、塩屋にたくさんあった洋館はだんだん取り壊されていく。2001年にはフランス料理のレストランとして活用されていた「塩屋異人館倶楽部」（旧箙《えびら》邸、1929年築）が壊された。さらに山陽本線の海側にあったイギリス人貿易商、フレデリック・モリス・ジョネスの「旧ジョネス邸」（1919年築）が2013年に取り壊され、10階建てのマンションになった。「旧ジョネス邸を次代に引き継ぐ会」が結成されたが、すでに高松の不動産会社の手に渡った建物を買い戻すのは難しかった。値段は3億6000万円。マンション建設で山側の住人の海の風景は遮られた。

アリさんは、「なんで人の持ち物を残せとか、余計なお節介をいうんだ、という声もありました。でも景観はみんなのもの、保存には失敗しましたが、その過程で僕らも法律とか色々学んだし、建築関係の人たちとのネットワークもできていった」と言う。ジョネス邸の部材は解体時に譲ってもらい、旧グッゲンハイム邸などに活用したり貸し出したりしている。

東京で35年、いつも同じような保存のドキドキを味わっている私には身につまされる話だ。

アリさんはさらに言う。「経済合理性がないというだけの理由で、美しい、かけがえのない建物が壊されていく。確かに実際に買うと、これを維持、運営していくのは大変な負担ですし、住みにくい、不便ということも多いです」

購入してから、修復にもお金がかかった。康代さんの作品集を売ったりして資金を集めた。最初に行ったのは、念願通り、妹のサラさんの結婚パーティ。以来、結婚式はここの人気プログラムだ。さらに保存のために購入してまもなく、父のデュルトさんが病の床につき、康代さんは看病で邸の管理運営どころではなくなった。邸を買うことに家族で唯一反対だったアリさんが乗り出し、運営の中心となっていく。アリさんは母屋《おもや》より、その裏のプレハブ長屋の活用に強く惹かれたと話す。

著書によれば、アリさんは日本の学校では成績もさほどでなく目立たない子だったという。ベルギーのブリュッセルの大学が水に合い大ブレイク、美術を学んでいろんな賞も獲得した。ブリュッセルではお金のない学生たちが一軒家を数人で借りたり、無断占拠（スクワット）してカフェやライヴ会場、図書館などにしているのにも刺激を受けた。阪神・淡路大震災の後、日本に帰って母親の仕事を生業にしながら、音楽活動をした。

妹のサラさんは小さな頃から活発で、一人で2カ月もベルギーの親戚のところに行った。大阪大学で西洋美術史を学んだ後、イタリアのボローニャ大学に留学、その後、東大の大学院に移り、文化資源学を専攻し文化財への関心を深め、大原美術館の学芸員を務めた。こんな性格の異なる兄妹のバックグラウンドが、旧グッゲンハイム邸の運営に生かされている。

アリさんの話。

「僕は大工仕事も好きだし、周りに建築家の友達もいるので、中古の家を買って結構自分で修復しちゃいました。文化財

塩屋の町の高台からの海の眺め。

指定をすると訪問者が傷つけることを恐れて緊張するので、グ邸もあえて文化財にはしていません。月1回の無料見学会のほか、ヨガ、語学、声楽、ピアノ、バリ舞踊などの教室、マッサージ、映画のロケや雑誌のグラビア撮影、CDの録音、コンサート、トークショー。この家を使いたいと思う人の考えが持ち込まれ、僕はそれを受け止めるだけ。敷地の奥の会社の寮だったところは、長屋と称してシェアハウスにして10人ほどが住んでいます。誰かが出ると口コミですぐに誰かが入る、退室時にはみんなでお別れの朝食会をします。

　塩屋にはポツポツ面白いお店が増えてきて、今ではそれを目当てに歩く人も多くなりました。路地奥や崖下のどん詰まり、再建築不可物件が多いんですが、その分、自分で手を入れる気があれば、安く借りられる穴場なんです。僕もやりましたが、大きな変更を加えずに、建物の歴史を解釈しながら直していくのが面白いと思います」

　事務所の2階に印刷機を置き、塩屋に関する地図やインタビュー、イベントの

高台に建ち海に開かれた旧グッゲンハイム邸の内観。
そのクラシックで開放的な空間は、結婚式やコンサート、ヨガ教室やピアノレッスンなどに活用されている。

チラシなど、あらゆる印刷物を刷っている。仲間にイラストレーター、デザイナー、ライター、みんないて、なんでも自前で作ってしまう。カメラ「写ルンです」で自分の好きな塩屋を27枚撮ってみんなで見る会、路地裏「歩き回りコンサート」などイベントも数多い。作ったチラシや冊子を欲しいというと、「重いからレターパックで送ります」とその場で住所を書いて、町歩きの際、投函してくれた。なんともやることが早い。

塩屋中の物件をよく知っているアリさんは、どこかが空けば住みたい人に紹介しているらしい。「まちづくり、って言葉嫌いなんです。ありのままの塩屋、手を入れなくていい、リノベしないでいい、そのままで、前からあるものを大事にしたい」というのも我が意を得たり。

お母さんの康代さんがお住まいの家をお訪ねする。坂を上って行くとちょうど神戸まで出かけるところだった。「もうちょっと時間があるから」と戻って鍵を開けてくださる。塩屋での最初の家は兵庫県の中西部、安富町にあった民家。中

右・中／看板に惹かれてアリさんと思わずハシゴ。これぞ冷麺。次は焼肉も食べるんだ。
左／駒ヶ林のお好み焼き「ハルナ」。ふわっふわのおいしいのを目の前で焼いてくれた。

国自動車道建設で立ち退きになったのを、親戚筋の大工の棟梁から話をもらって譲り受けたもの。それは1970年頃のことで、部材を保管し、6年後に建てた。ここには今、サラさん家族が住んでいる。

こんな崖地に移築するのは大変だったと思う。その下に移築した商家の店部分がステンドグラス工房、そして夫のデュルトさんの看病が始まり、康代さんは住まいもここに移した。康代さんは京都市立芸術大を卒業後、京都大学で増田友也の影響を受け、ステンドグラスに道を決める。ベルギーに留学し、京都のフランス極東学院で仏教辞典を編纂していたデュルトさんと出会って結婚、2人の子供を育てた。デュルトさんが日本に永住することにしたのは「憲法9条があるから」だという。

2つの祖国、ルーツを持つサラさんとアリさん。いろんな体験をして国際人として育った兄妹が、アリさんの妻の万紀子さん、スタッフ2人と協力し、旧グッゲンハイム邸を切り盛りしている。サラさんの夫も研究者で、みんなを支えている。「腫れ物に触るような文化財保存でなく、この家を使い倒す」という覚悟はいっそ清々しい。だって、30年くらいで壊される家も多い中、100年たった家をすでに10年近く使ってきたのだ。家はじゅうぶん喜んでいるだろう。

午後、アリさんが「長田で仕事があるから行ってみよう」と言う。ここは阪神・淡路大震災の際、大火災があった。焼けて再開発された区域はビルばかりで、人通りはあるものの、地下商店街はすでにゴーストタウン化している。これに対し、昔ながらの路地が残る地区には住んでいる人の匂いがあった。なんだか不思議な装飾のついた賃貸アパート、路地に設置された物干し竿、健康に良さそうなアロエ、井戸の跡。老夫婦でやっているお好み焼きも食べられる駄菓子屋「フレンド」でラムネを飲む。このストレートにして簡潔なネーミングがいいなあ。

仕事の終わったアリさんと六間道へ。看板のフォントが気になるわねと、お好み焼き「ハルナ」へ。真ん中に大きな鉄板、ここではアップルというミカン水を飲む。ラベルなし。飲みながらしばし待つ。女主人のヘラでキャベツを切る技術に驚く。豚の脂をジューッとヘラで刺して、そこに小麦粉を溶いたものを載せ、キャベツを載せ、具を載せる。ふわふわのお好み焼きのできあがり。もう一つはチャンポン焼きで、イカとタコとホタテの味がよく出ていた。

さらに長田あたりのお好み屋で人気の「ばらソース」を買う（これ最高!）。歩いていると「元祖平壌冷麺屋」という看板、妙にそそられる。フォントに弱い私たちは結構お腹もいっぱいなのに、「もう一軒行っちゃえ」ということに。お店は薄暗く、他に客はいなかった。あでやかな感じの女主人に「冷麺を2つ」と頼む。おいしかった。これならきっと、焼肉もおいしいはずで、他日を期す。

昨日初めて会ったばかりのアリさんと「はしご」とはなあ。アリさんはときどき2人のお子さんと銭湯に行って、お好み焼きを食べるのがささやかな幸せという。塩屋とはまた違う、人懐こい町がここにある。

大震災で焼けた長田の町に残っていた路地。

長田の丸五アジア横丁。

▶アクセス

東海道新幹線新大阪駅からJR京都線（西明石行）で塩屋駅へ（約1時間10分）、あるいは山陽新幹線西明石駅からJR神戸線で塩屋駅へ（約15分）

神戸市内の三ノ宮、元町からはJR神戸線や山陽電気鉄道で20〜30分

▶ガイド

旧グッゲンハイム邸　http://www.nedogu.com

※2020年8月になって、この「旧グッゲンハイム邸」の家は旧ライオンス邸でグッゲンハイム氏は住んだことがないということがわかった。しかし長年親しまれた名称は変えないという。

●取材年月／ 2018年11月

尾道《おのみち》

風情ある坂の町はもっと元気になった。新しい尾道を歩いて、泊まって、味わう

広島県尾道市

思い立って夏の終わりに尾道に行った。大好きな町だ。20年も前にここの図書館から林芙美子について話すように頼まれた。そのとき以来、海に面した旅館「魚《うお》信《のぶ》」を定宿にしてきた。料理旅館では私のベスト10に入る。部屋の中に尾道水道の海がひたひたと押し寄せるようだ。ここの松林寿美恵さんほど優しくて、気が利いて、豪快な女将には会ったことがなかった。

今回はゲストハウスに泊まってみる。着いてすぐしみず食堂という古い食堂でご飯を食べた。タイの刺身と大根で缶ビールを飲み、ついでに昔風の尾道ラーメンを食べた。これがうまい。

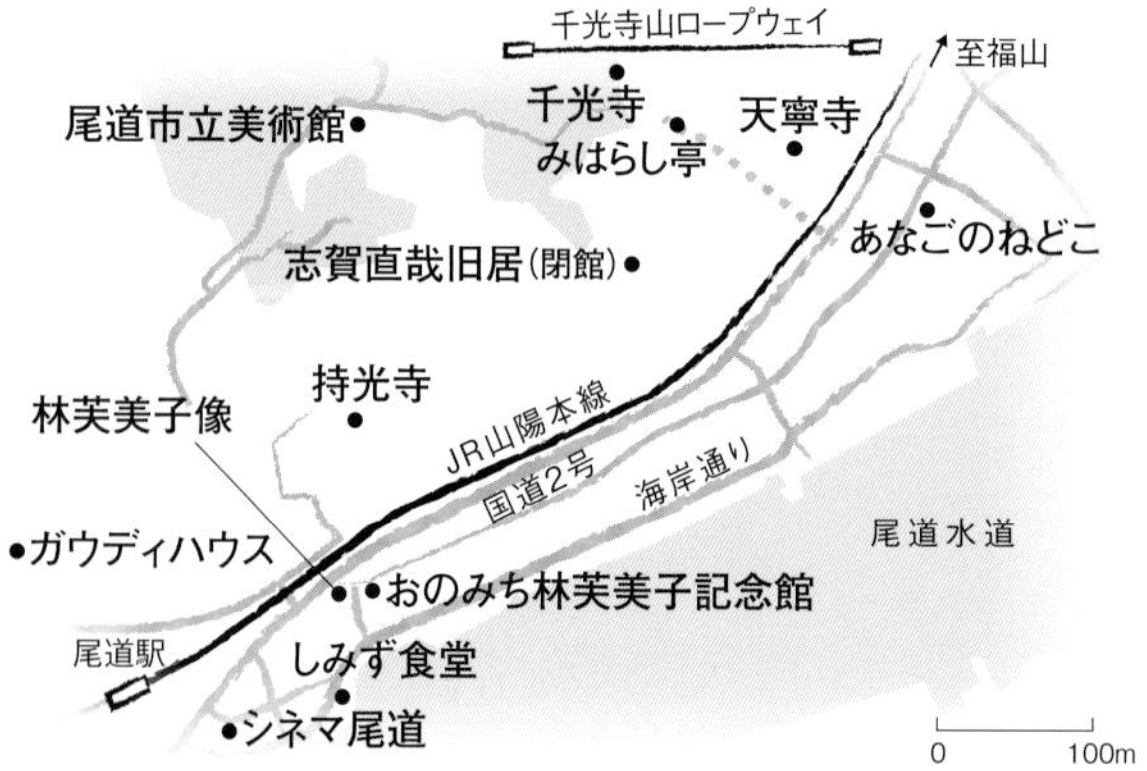

尾道ラーメンの人気が出たのはこの10年20年で、そう特徴があるものとも思えない。有名店は台湾の人が戦後始めたものらしい。しみず食堂も前は港の雁木《がんぎ》の上にあったらしいが、建て直されて味気はない。ただちょっと古びたカーテンの向こうに海が見えて情緒がある。

お腹が膨れて、アーケード街を歩く。とにかく荷物を今日泊まるゲストハウス「あなごのねどこ」に置いて来よう。NPO法人尾道空き家再生プロジェクト（略して空きP）が経営する宿だ。ひき返してシネマ尾道に行った。旅先で映画館に入るのはこよない楽しみだ。開演後すぐだったが客は４人。『セールスマン』

尾道の代名詞は坂の町。ゲストハウスの「みはらし亭」まで360段の石段を上がらねば到着しない。

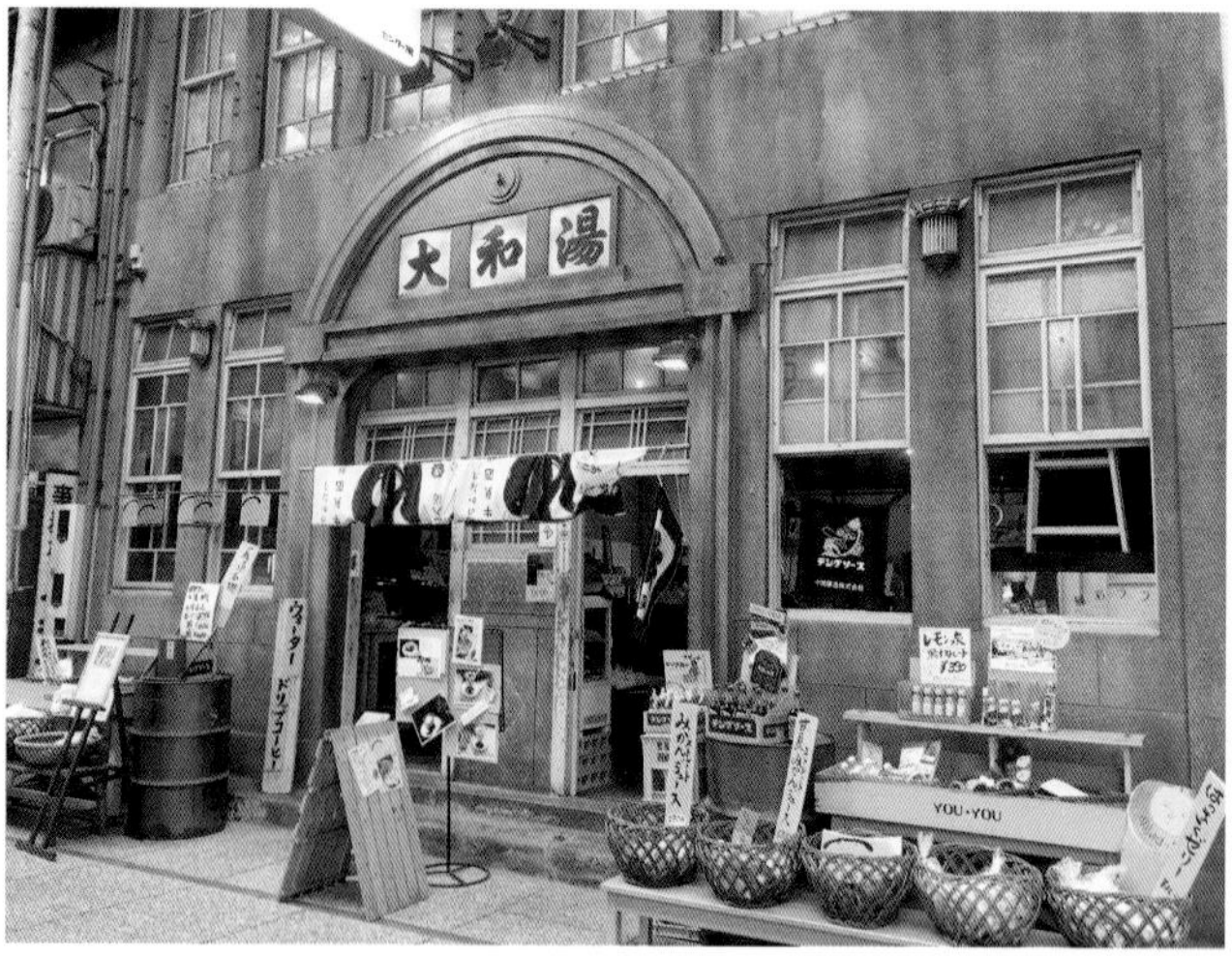

右上／シネマ尾道。町に唯一残っていた尾道松竹が2001年に閉館、2008年に旧尾道松竹を改装して開館。映画の町に、待望の映画館が復活した。 右下／商店街の銭湯が店舗に改造されていた。左上／「しみず食堂」で出会った人に、坊ちゃんという名の小さなサルを抱かせてもらった。 左中／階段を上り下りして食べた、とってもおいしいオレンジソフトクリーム。 左下／最高にうまい「てっちゃん」のお好み焼き。

というイランの監督の映画はとても良かった。この人数で見るのはもったいない。

友人が、夜飲む人がいなかったらと紹介してくれたのが、美術史家の末永航先生。タクシー会社会長のパナマ帽の大崎さん、元教育長の山北さんなどが見えて、増田友也設計の尾道市公会堂や市役所の保存、安藤忠雄が改修した美術館の話などが出た。

この方たちは全共闘世代、尾道の保存運動やまちづくりを担ってきた人たちだ。今も駅舎の保存で揺れている。どうしても行政には厳しい意見が出て盛り上がる。ハモの落としとかタコの天ぷらとか出し巻き卵もおいしかった。タコの天ぷらって、そう、林芙美子が貧しい尾道時代に食べたがったものだ。

「あなごのねどこ」は奥に深い。50メートル位ある。多分間口は3間位。用途変更が100平方メートル（法改正により現在は200平方メートル）を超えると確認申請が必要になるので、1階の大部分は喫茶店「あくびカフェー」になっていた。食べ物もお酒も出す。元は「新生堂」という眼鏡屋さんだったそうだ。学校の廃材を組み合わせてリノベしている。質素で工夫が見られて好感が持てる。

その奥に6畳のレセプション、8畳位の座敷があって、その向こうに庭が見えた。縁側とトイレ。スタッフから使い方の説明を受ける。「台所はみんなで使ってください。お湯を沸かしてコーヒーやお茶も飲めます。食べ物は名前を書いて冷蔵庫に入れてください。シャワー室は2つあります」。清潔なシーツ2枚と枕カバーをくれた。

2階に上がる階段があって、ドミトリーが男性部屋と奥に女性部屋と2つ。困ったなあ。お手洗いがすごく遠い。夜中、一番奥の部屋の2段ベッドから出てきて、鍵を閉め、廊下と階段を降りて8畳を通って縁側まで出なければならぬ。還暦すぎるとちょっとこたえるね。

2日目の朝、8時から350円で洋食か和食の簡単な朝食。8畳の居間に戻ると、みんなで話してた。娘2人連れたお母さん。水泳が好きな人。自転車が好きでしまなみ海道を今治まで行ってきた人。韓国の人。ウサギのいる島を訪ねるという人。文学が好きな大学生。いろんな旅があるんだなあ。私は黙って聞いていた。

旧知の建築家、渡邉義孝さんが朝9時に迎えに来てくれた。千葉の習志野に事務所を構えているが、東北の被災地の蔵の調査をはじめ、世界中の建物の調査をしている。かなり昔、尾道に来て知り合ったのが奥さんのひとみさん、謙遜していうには「僕の仕事は趣味かなあ。彼女の公務員の給料で生活してるようなもの。行ったり来たりの新幹線代で収入が吹っ飛びます」。

野帳を見せてもらうと、絵がすごく上手で克明だ。「まずロープウェイで上まで上がって、千光寺を見ながら文学のこみちを降りてきて、みはらし亭にチェックインしましょう」

そう、今日は、NPOが経営しているもう一つのゲストハウスに泊まる。

「代表の豊田雅子がこの家を宿にしようって言い出して。やめなさいって止めたんだけど、言い出したら聞かないから。空き家改修ってのはゴミ問題、まずゴミを片付けるのが大変。瓦を下ろすのは小

千光寺公園展望台から望む尾道の町並み。
尾道水道を挟んで対岸は、瀬戸内海の向島。

学生が石段にならんで手伝ってくれました」

旅人はそんなこととは知らずに予約して石段を３６０段上がってくる。「だから着いてゼイゼイ言って、夏はビールの売れること、売れること」

私は反対に石段を降りていって、オレンジソフトクリームを食べた。「尾道に来たらこれを食べることが義務付けられているんです」と渡邉さん。なお降りると、志賀直哉の住んでいた家。管理のおばさんはなかなか詳しかった。

「志賀直哉が来たのは大正元年、まだ29歳で、『暗夜行路』を書く前です。父親に反発したんでしょ。三軒長屋で、最初の晩はステーキ肉を下で買ってきて、自分で焼いて食べた。その後は周りの長屋の夫婦たちが世話をしたそうです。当時すでに電気が引けていたしガスも来ていた。水道はなくて水は井戸で汲んだ。水売りも来て買ってます。下の尾道最大の料亭と同じくらい志賀直哉がガス代を使って地元の人は驚いた。いいとこのお坊ちゃんで、来るときに１０００円ぐらいもらってきたらしいけど、今の４００万円ぐらいらしい」

まるで志賀直哉を世話した長屋の奥さんみたいだ。

どんどん坂を下りながら途中の家を見ていく。空き家プロジェクト以外にも大きな会社が入り、リノベして一棟貸ししている建物もあるらしい。

「尾道は文学で訪ねる人もいるし、大林宣彦監督の映画で訪ねる人もいるし、坂道の不思議な景観を楽しむ人もいるし、寺巡りをする人もいる。足利尊氏が復興した浄土寺という寺もあります。このあたりの人々が尊氏を応援したので、恩返しで尾道が栄えたとも言います」と渡邉さん。

「もともと山には寺が多く、聖地なので住む人は少なかった。明治24年頃、鉄道を引くために用地買収の代わりに山手に住むことが認められた。一時は造船ですごい金持ちがいたからね。茶園《さえん》と言って、海を見ながら客を接待する別荘を建てた。戦後に復員兵が帰ってきて住む場所がなく山側に住んだりしたんです。

坂道を上り下りして暮らすのは大変なので、だんだん下に降りてきて空き家が多くなった。そこを今、移住したいという若者が直している」

尾根道沿いで「妻がここで雑貨屋をやりたいので」と、自分で家を直している人がいた。渡邉さん、すかさず「借りたの買ったのもらったの？」と聞く。大家さんがいい人で限りなくゼロに近い金額で売ってくれたそうだ。固定資産税を払うより、これ以上世話をしたり掃除したりするより、あげるから誰か使って、という持ち主もいるらしい。

昼ご飯は「てっちゃん」という渡邉さん推薦のおいしいお好み焼き屋さんへ。午後は駅の裏の「尾道空き家再生プロジェクト」の事務所を訪ねる。この活動の言い出しっぺでリーダーの豊田雅子さんが大学生たちの取材を受けていた。

有名な坂の途中のガウディハウス。豊田さんが尾道に帰って、この家に惚《ほ》れ込み、旦那に相談もなく買ったのだが、当の旦那さんが一人で家を直していた。

「この人はただの大工じゃなくて数寄屋大工です」と渡邉さんが紹介すると、彼が「そんなたいしたもんではない」と呟いたのが男前で渋かった。

　渡邉さんの車で「ぽっぽの湯」という温泉に降ろしてもらい、のんびりつかる。また電話して渡邉さんに迎えにきてもらって浄土寺で降ろしてもらう。まるでハイヤーみたい。山のお寺巡りをして、三重塔の見事な天寧寺から踏切をわたろうとすると、新しいお店「グッドガール」に出くわす。何だろう。チリコンカンとサンドイッチの店だ。コロナビールで1時間ぐらい時間をつぶした。目の前を列車が通り過ぎていく。

　夜、待ち合わせたのは「ベッチャーの胃ぶくろ」という店。穴子の刺身やしゃぶしゃぶが看板、レモンソーダ割がおいしくて3杯ぐらい、日本酒「亀齢」を少し飲んだ。豊田雅子さんも来てくれた。

　豊田さんは地元の人でJTBの海外旅行添乗員をしていた。「お客さんはゆとりのある方たちで、言うこともよく聞いてくれて、世界中旅をできていい仕事だったけど、いつか故郷に帰って住みたいなーと思っていたの。帰ったとたん、ガウディハウスに惚れ込んだ。高校生のときから毎日、前を通るたびに不思議な家だなと思っていたし。入母屋《いりもや》造りに飾り屋根が複雑についてる建物で、訓嘉《くによし》さんと結婚してから、相談もしないで買ってしまって喧嘩になりました。今は彼が直してくれているけど。そのあと、勢いで

上／限りなくタダに近く売ってもらった空き家を自分の手で直している若者に出会った。
中／再生工事が完了したガウディハウス。坂の途中に建ち、複雑な外観を見せる。手前に立つのが豊田雅子さん。
下／案内してくれた旧知の建築家、渡邉義孝さん。

山側にある古い建物を借りては直し、人に貸したり、仲介したりしました。移住者が自分で修理した家を含めれば、100ぐらいは直したでしょう」

「旦那さんが大工で、左官や屋根や水道設備の職人たちともネットワークがあるからできること」と渡邉義孝さんは言う。他にサブリースといって、信頼されるNPOだから借りられたものを希望者に貸すこともある。景観上、特に重要な建物は修復のため最大200万円のお金が市から出る。居住者には修復費用として最大30万円出るという。行政のシステムをうまく使いながらリノベする。クラウドファンディングでお金を集めることもある。現在、空き家が払底して、移住を待っている人が多い。

「どういうわけか面白い若い人が次々に集まってきます」と豊田さん。彼女の明るくて情熱的でピュアな性格が人を惹きつけているのは確か。私も一目で好きになったもん。渡邉さんも「トヨタマサコ」と呼び捨てにするとき、なんとも愛情深い目をする。

「言い出したら聞かない、大雑把、見てらんないから手伝っちゃう。でも彼女の頭の中には北極星のように光るアイディアがあるんです」。渡邉さんは応援団で、国の登録有形文化財の申請のための調査が主。時間と技術のいることだから、ちゃんとした仕事になることを目指す。単なるリノベの天才とか、人気者には絶対なりたくないという。

　豊田さんは私のあげた「谷根千」を丁寧に見て、その場でいろいろ感想を言ってくれた。今日ここに来るためにも家族のご飯を作ってから出てきたので遅れたという。なんだか20年前の私みたいだ。

　昨日、ひとつ前の世代の人々と飲んだのも参考になった。私を含め先行世代は、保存を行政に要望して行政と対決した。豊田さんたち次世代は、不動産を扱い、リノベする以上、行政との関係を良くしておかなければならない。それにしても、地価が相対的に安い地方だからできることは多い。

　尾道3日目、みはらし亭の朝。明け方、起きて窓から見た景色は夢のように美しかった。通って行く電車が見えて海が見えて、工場が見えて、山が見えて、寺が

志賀直哉が住んでいた部屋からの眺めはすばらしい。

尾道のランドマーク、標高144メートルの千光寺山へロープウェイで山上まで。

見えて塔がいくつも見える不思議な風景だ。この景色のためにここに泊まる価値は十分にある。8畳間に4人。夜遅くまで英語で話した。シンガポールの女の子は早朝さっさと出て行った。香港の女の子はいつまでも寝ていて、これから帰国するのだと言う。宿のお兄さんはホットサンドを頼むとレモン水までおまけにくれた。また泊まりたい。

　リュックを背負ってどこまでも石段を降りる。反対だったら大変だ。駅まで30分と言われた通りだった。途中、私設「おのみち林芙美子記念館」が開いていたので入ってみる。今まで見たことのない写真が2枚か3枚あった。第二尾道尋常小学校（現・土堂小学校）を卒業、尾道高女に入った。後身の尾道東高校の入口には碑がある。作家として錦を飾ったはずなのに、母校で写した写真の芙美子は、あまり嬉しそうでない。

「花の命は短くて、苦しきことのみ多かりき」

　商店街を出たところの、しゃがんだ芙美子の像に私は、またね、と挨拶した。

　尾道駅はいよいよ壊されるところで、屋根が剝がされ木造トラスが見えていた。

▶アクセス
山陽新幹線新尾道駅から尾道駅まで路線バスかタクシー（約10分）、あるいは山陽新幹線福山駅からJR山陽本線で尾道駅へ（約20分）

▶ガイド
NPO法人尾道空き家再生プロジェクト
http://www.onomichisaisei.com
あなごのねどこ
http://anago.onomichisaisei.com
みはらし亭
http://miharashi.onomichisaisei.com

●取材年月／2017年8〜9月

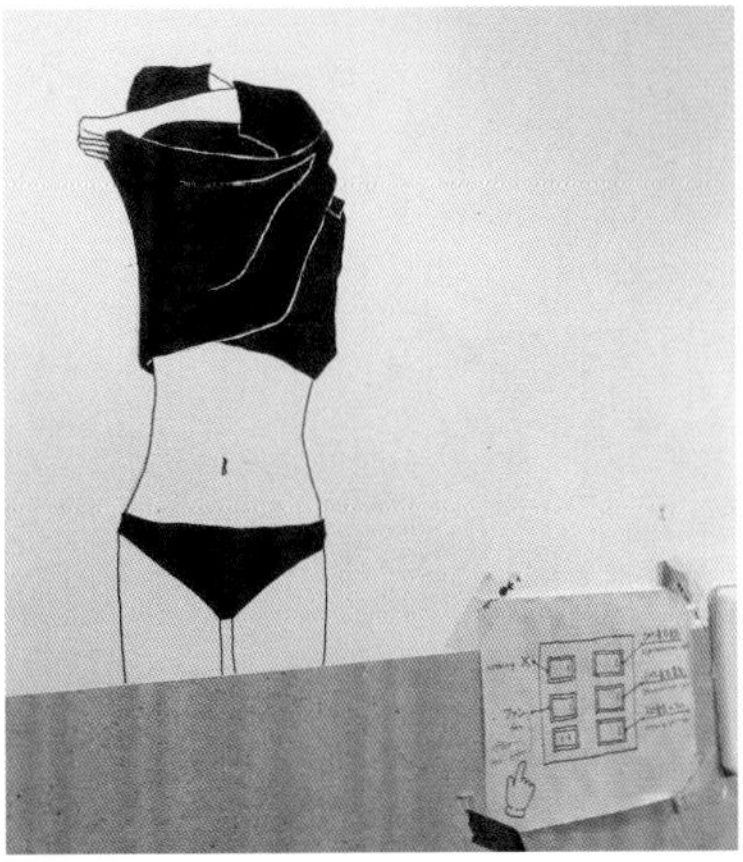

上2点／奥に深い宿「あなごのねどこ」。そこここに何気なく、楽し気なイラストが。
下／しゃがんだ林芙美子像。さようなら芙美子さん、またね。

石《いわ》見《み》銀《ぎん》山《ざん》

島根県大田市大森町

ここは日本版アルベルゴ・ディフーゾ（離れた宿）。奇跡のように残ったいとおしい町並みに泊まる

２０１８年の梅雨の頃、久しぶりに島根県の石見銀山を訪ねた。２００７（平成19）年、世界遺産に選定された後はとんでもない混雑だったが、それも落ち着いて、しっとりといい方へ変わっているような気がした。

20年ほど前、みんなが銀山銀山、と言いだした。島根の山の中に美しい町並みがあり、守っている人々がいると。中心人物、松場《まつば》大吉《だいきち》・登美《とみ》夫妻に東京で出会ったのもその頃だった。アパレルメーカーで、作った洋服に「石見銀山 群言堂《ぐんげんどう》」というタグを誇らかにつけていた。その服は黒や灰色のモノトーンで、とにかく生地がすばらしく、着心地が良さそうだった。

登美さんはいう。「全国で、古い織機が、注文のないために廃棄され、会社も潰れていきます。町並みの保存もですが、

町の少し北の方の家並み。左手は元お医者さんの家を宿にした「只今加藤家」。右の岩山を上ると観世音寺。

織る機械や職人さんの仕事の保存もしたい」

　私はその考え方に惹かれ、群言堂の服を着るようになった。そして大森町をもう何回、訪れただろうか。

　登美さんは三重県の豆腐屋の娘さん。絵を描くのが好きで、物を売るのも好きだった。島根県大田《おおだ》市大森町の呉服屋松田屋の息子、松場大吉さんと名古屋で知り合い、2番目の子供ができた頃、峠を越えて山間の小さな町に帰った。「この峠を越えて大森の町に入った途端、ここが私の生きるべき土地だってわかったの。赤毛のアンのようにワクワクしたわ」

　まず主婦の内職を組織することからスタートした。折しも「大草原の小さな家」のテレビドラマが評判の頃、アーリーアメリカン調のチェックの袋物、エプロンなどにかわいいアップリケをつけると、飛ぶように売れた。社名を「ブラハウス」と変えた。

　さらに「着たい服がない。じゃあ自分で作っちゃえ」と服に発展した。ブランド名は「登美」。男性物も始めると「大吉」とつけた。社名は「群言堂」と変わ

右／松場夫妻が3番目に修復した「無邪く庵」の居間。電気も水道もガスもあえて一切ひかない、ロウソクの灯りだけの家。
左／古民家を改修して宿にした「他郷阿部家」の磨りガラス。模様が一枚一枚すべて違う。

る。「暮らしそのもののデザインの提案」が趣旨である。現在社員１７０人。服だけではなく、店舗では食器、調理道具、寝具、調味料まで売っている。宿泊事業を始め、化粧品も開発した。

　中世に世界最大を誇った銀山のある大田市大森銀山は１９８７（昭和62）年、国の重要伝統的建造物群保存地区に選定された。しかし若者は町を出て行き、お年寄りばかりが残る。その老人もいずれ病院や施設に入り、都市にいる子供に引き取られ、あるいは亡くなり、家は空き家になる。それを行政はどうにもできない。大森で、松場夫妻は10軒もの家を買い取り修復してしまった。

「最初に買ったのは松田屋の元の住居の前にある群言堂本店。2番目が今私が一人で住んでいる竹下家、3番目がロウソクの家・無邪く庵、4番目は広島の古民家を移築した本社横の鄙舎《ひなや》、5番目が阿部家かな」

　傷むのを見るにしのびなく買い取って改修した家だ。このうち、阿部家は県の文化財を持ち主から買い取り、改修して「他郷阿部家」として宿泊施設にした。

お金のこと、率直に聞いてみた。

「あそこは第1期工事が５０００万円かかりました。県の文化財なので国と県とうちで3分の1ずつ出したと思います。もちろん原形復元が基本で、間取りの変更やおくどさん（かまど）を置く場所まで、厳しいチェックが入りました。それでも、会社経営者が家を税金で直している、といった批判も受けました。そのあとはみんな自費でやっています。今度の加藤家の改修で、自分の稼ぎは全部つぎ込んじゃった」

　阿部家は、都会の生活に疲れた人に故郷のように思って帰ってきてほしい、という癒しの家。家族のようなスタッフが、地元食材を使って、素朴だがおいしい食事とお酒を出してくれる。登美さんも大吉さんも地元にいるかぎり、夜は遠来の客と過ごす。

「昼間はデザインや会社の経営で頭を使い、夜はここで私もリフレッシュしているの。本当にいいお客様に恵まれて。群言堂のファンの方もいらっしゃるし、各地で頑張っている若い人たちも来る。いろんなことを教えてもらうわ」

登美さんの料理は手早い。出張から帰ってコートを脱ぎ、あっという間にかまどでご飯を炊き、おにぎりを握り、おかずも作る。古いもの、人が捨てるものを拾って、直し、継《つぎ》を当て大事に使う。若者の教育力という点でもこの企業は群を抜いている。今では全国から人材が集まる企業になった。

　ワークステーションと呼ばれる本社オフィスは、中に入ると鉄筋コンクリートとサッシで機能的にできているが、道からは赤い石州瓦の屋根が板塀の上に見えるだけで、まったく地域景観を損ねていない。本社入り口には社員が作る水田が広がり、社員用の駐車場も林の中、日陰に車が停められる。

　この度は町並みの北の方、観世音寺の

上／「他郷阿部家」のキッチンには、かご、ざる、調理道具がふんだん。使い勝手よさそうな昔ながらのものばかり。
下／松場登美さん。「竈婆」と自称する登美さんの料理は、手早くておいしい。

前に「只今《ただいま》加藤家」という新しい宿泊施設ができていた。元お医者さんの家だというが、間取りは阿部家と似ている。土間があり、右手に3間の座敷、その奥を広いリビングダイニングにしている。プロデュースをしたのは長女の美和子さん。29歳で結婚してから脳腫瘍が見つかり、手術は成功したが、高次脳機能障害が残った。そういう立場から、障害を持つ人でも使いやすい家にしようと手がけたという。広々と動きやすいリビング、段差は極力なくし、車椅子で入れるトイレもある。しかし無粋な金属の手すりなどはなかった。

ほっておいていただいて、勝手に町の蕎麦屋に行ったり、新しくできたパン屋さんでパンを買ったり、刺身や胡麻豆腐を売る店に行ったり。あとは登美さんが冷蔵庫に入れてくれたビールとお酒をちびちび飲んだ。まさに暮らすように泊まる。すごく居心地いい。

石見銀山に本社を置く医療器具メーカー、中村ブレイスの中村俊郎さんのところに初めて行き、歴史の話を聞いた。

「石見銀山は１５２６（大永6）年頃に博多の商人が再発見し、大内、尼子などの争奪戦ののち、毛利家が手に入れたのですが、原石で運び出すと輸送コストのロスが多い。灰吹法《はいふきほう》というやり方で精錬をし、温泉津《ゆのつ》から積み出した。戦国時代、すでに世界で最大の銀山でした。関ヶ原の戦いの後、家康は腹心の大久保長安を遣わしてここの奉行とし、幕府の直轄領にしました。江戸時代中期になるとあまり採れなくなったようですが、一時はここに20万人の人口があったと書かれています。坑口である間歩《まぶ》も４００から５００あったようです」

と立派な個人資料館にある、正親町《おおぎまち》天皇の真筆や、昔の丁銀《ちょうぎん》などを見せてくれた。

「うちは代官についてきた鍛冶職の家でした。ところが明治維新で廃刀令が出て一挙に仕事がなくなり没落していきました。僕が生まれたのが戦後の１９４８（昭和23）年です。父は『上の学校に上げてやれずに申し訳ない』と言いましたが、『お前は一人でもやれるはずだ』とも。これは心に残る言葉でした。高校を出て

右／「只今加藤家」の豆タイルがかわいい庭の流し。ブリキのじょうろが似合う。
左頁・上右／「他郷阿部家」の風を感じる玄関。上左／同じく障子。登美さんは物を捨てずに、拾っては使う人。端切れの紙や布も再利用して、こうしてセンスのいい建具になった。
下／「只今加藤家」の広々としたバリアフリーの居間とキッチン。

京都の大井製作所という義足会社の社長と出会い、徒弟制度のなかで仕込まれ、義足やコルセットの工程を覚えました。昭和45年頃、40万円を貯め、1ドル360円の時代にカリフォルニアへ。そこで半年研修していたときに、交通事故に遭い、気がついたらカリフォルニア大学病院の霊安室に寝かされていた」

　まあ、なんと波乱万丈の半生でしょう。

「奇跡的に回復し、帰国して石見銀山で工房を始めたが、まったく客はなかった。地元大田で工務店をやっていたおじさんが腰痛だというので、コルセットを作ってあげたら、近所のおばあさんたちを紹介してくれた。そこから会社がスタート。やがてシリコーンという人体に害がなく、アレルギーを起こさない、匂いもつかない素材に出会い、それで人工のおっぱいを作り、義手や足の装具を開発して今に至ります」

　中村ブレイスも人を幸せにする仕事で、世界中に製品が広がっている。

　お話を聞いた「なかむら館」は、山陰合同銀行の支店だった建物。他にも世界で一番小さなオペラハウス大森座、ドイツパン屋ヒダカ、梅干し工場を改修したイタリアンなど60軒が中村さんが修復した建物。町内で新規事業を始める若者を支援している。

　翌日、温泉津の恵珖寺《えこうじ》の加藤智士住職が石見銀山育ちだというので話を聞きに。

「私が生まれたのは龍源寺《りゅうげんじ》間歩の後ろにある妙像寺という日蓮宗の寺。銀山が開発されるより前の1502（文亀2）年に開基されたというから、あの辺、猿しかおらん頃でしょう。母の伯母が温泉津の恵珖寺に嫁いでいました。私の父は山形の人ですが、無住の寺を継ぎたいと銀山の妙像寺に来たんです。私が生まれたのは昭和13（1938）年、7人兄弟の三男です。昭和18年頃、坑道に入って遊びましたよ。戦時中で何か金属が採れないか、調査してたんでしょう。坑夫が上がって来ると、その捨てたカーバイドを拾って火をつけて、電動トロッコを動かして中に入るんです。大冒険でした。

世界中に医療製品を届ける中村ブレイスの会長夫人、中村仁美さん。エプロンのポケットに飲み水を入れて、いつもの道掃除。住人たちはつねに町をきれいにしている。

終戦の年の4月に国民学校に入りましたが、その頃、学校はずっと下の資料館の前のバス回転場のあたりにあった。寺から下っていくと40分はかかる。冬になるとスキーで行くと早いんだけど、帰りはそれを担いで帰らなければならない。貧乏寺で弁当など持っていけないから、他の子供が食べている間、外で遊んでいました。3年のときに新制小学校になった。教科書は先生が持っているきりで、それをガリ版にしてくれたんですが、紙が便所の落とし紙よりまだ悪い。字が薄れているところを先生が読んでくれるので、鉛筆でなぞるのですが、そうすると紙が破れるという始末でした」

加藤さんは妙像寺と恵珖寺と兼務していたが、1991（平成3）年に焼失。山の中の一軒家、とめようもなかったという。

高野郁子さんの話を群言堂本店で聞いた。

「渡辺家住宅として公開されているのが、私の実家です。元は坂本家といい、大住家とともに、銀山の番所を管理したと聞きました。渡辺家はもっと山の方、7カ村の庄屋でしたが、生の魚が食べたいなぁゆうて、明治になってここに移ったそうです。大森なら仁摩の方から女の人が天秤棒で魚を売りに来る。大森は経済の中心地で郡役所、警察、裁判所があり、そこの公務員の子供も多かったです。だから大森の人はプライドが高くて、きれいな京都ふうの言葉を話しました。

私は昭和8（1933）年生まれで、物心つく頃は戦争で食べるものもなかった。らっきょとか福神漬けとか梅干しはありました。おひつに移したご飯を食べると、最後はこそげて、それもおかゆにして食べました。それでも端午の節句はちまき、お彼岸にはぼた餅やおはぎをこしらえて、配って歩きました。お祭りのときのお天ぷら、バラ寿司や角《かく》寿司も楽しみでした。大森座と大正座という芝居小屋があって旅回りの劇団もきましたし、戦後はそこで青年団がアコーディオンで歌ったり踊ったり賑やかでした。山の中でテレビはなかなか映りません。皇太子（現・上皇）ご成婚のときは、松場さんのところが小さなテレビをお買いになった

中世から世界最大の銀山として栄えた石見銀山。岩山のあちこちに間歩（まぶ）といわれる坑道が掘られている。

落ち着いた赤い石州瓦が周囲の緑に映える。

ので、みんなで見せていただきました」

日本電信電話公社（今のＮＴＴ）を勤め上げた高野さんは、ちょっと前までは味噌もぬか漬けも自分で作っていたそうだ。

もう一人、此下千鶴子さん、雨の中を訪ねたら、薄茶《おうす》を点ててくれた。

「ここは私の実家の井戸家です。芋代官の井戸平左衛門さんと関わりがあるのかは知りません。この方は享保（１７１６～36）の頃、銀山に甘藷（サツマイモ）をもたらし、飢饉を救ったとして神社があります。父は鉱山の専門学校を出たのですが、大正12（１９２３）年に鉱山が閉じられ、松江の市役所に勤めていました。

昭和３（１９２８）年の生まれで、大森小学校から大社の女学校を出たのがちょうど日米開戦の年でした。鬼畜米英で英語はアルファベットを習ったきり、あとは大和紡績で兵隊さんの服地を織ってました。卒業して日赤の看護学校に入って、終戦の頃は松江の日赤で傷病兵の世話をしていました。江田島の海軍兵学校を出た兵隊さんが患者さん。広島の原爆でやられた人もどんどん来て、廊下に担

大森町の町並み。静かで町のみんなが緑を愛している。

架のまま寝てました。お世話していた少尉さんが夜中に亡くなられて、もう勤め続けるのは嫌になって帰って来ました」

教員と結婚し、自らも森林組合や土木建設会社で80歳過ぎまで働いたという。

今は天国のように見える静かな石見銀山。奇跡のように残った美しい町並み。そこには大変な人生が積み重なっている。普通の人の人生は、まだ書き留められていない。これからも聞いてみたい。

▶アクセス
山陽新幹線岡山駅から特急やくもで出雲市駅（約3時間）経由、JR山陰本線大田市駅へ（約45分）。大田市駅からは路線バスで世界遺産センターまで約30分
▶ガイド
石見銀山 暮らす宿
（他郷阿部家、只今加藤家）
https://kurasuyado.jp

●取材年月／ 2018年6月

内子《うちこ》

愛媛県喜多郡内子町

懐かしい町並みの原点がここに。見て、食べて、泊まるべき町宿、村宿がある幸せ

内子は町並み保存の原点のような町である。町内の八日市護国が重要伝統的建造物群保存地区に選定されたのは全国で18番目。そこまでには岡田文淑という一人の町役場職員の奮闘があった。岡田さんは１９４０年生まれ、内子高校を出て郵便局に勤めた。

「俺はもらわれっ子での。親を置いて外へは出られなかった。郵便局は細かい仕事で合わん。役場の臨時採用があったんでそっちを受けてしまった」

久しぶりに内子を訪ねた。岡田さんが松山空港まで迎えに来てくれた。

昔は芳我《はが》という家が伊予《いよ》式箱晒法《しきはこさらしほう》を開発し、櫨《はぜ》の木の木蠟《もくろう》で財を成した。本芳我、上芳我、中芳我、下芳我、なまこ壁に瓦屋根の豪壮な家が残る。メインスト

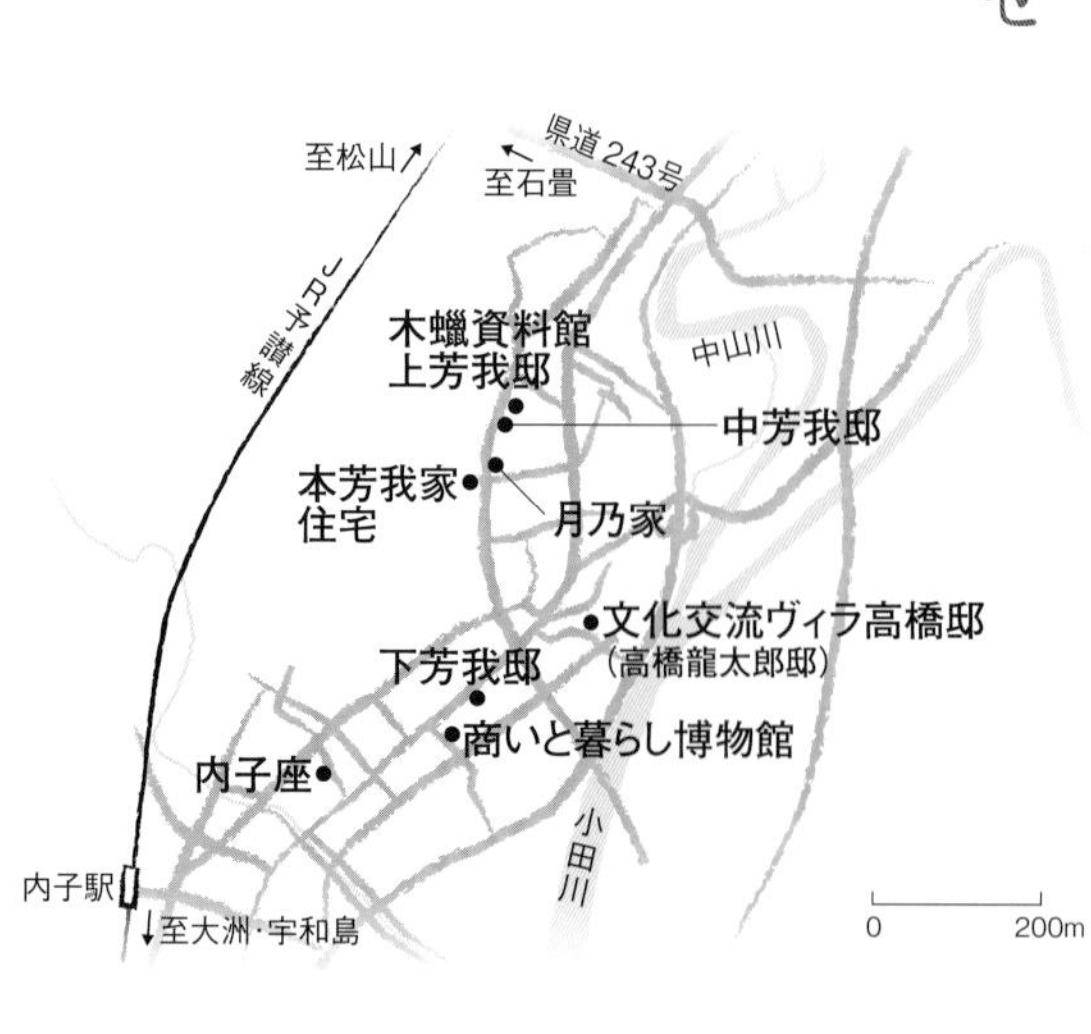

翌日の公演に向けて準備中の内子座。大正5年に建てられた木造2階建ての芝居小屋で、回り舞台やすっぽん、枡席もそなえた立派な劇場。老朽化で取り壊されるところを改修復元、再出発を果たした。

リートには商店が建ち並び、その一つ、下芳我家の別邸を買い取った大西さんが「COCORO」という喫茶店をやっている。2階は和室のゲストハウスになっており、何回か泊まった。1階で頂く朝ごはんがおいしかった。

今日はコーヒーを飲みに入ったのだが、さっそく岡田さん、女性に捕まった。「あら〜誰だったかいな。この人」に始まり、何気ない会話が続く。セーターを着た女性はとても90代には見えない艶やかさ。町の中にこういう溜まり場を持っているのは素晴らしい。

町並みの入口から緩やかな上がり坂になっており、途中で敵の侵入を防ぐいわゆる「枡形」になっている。

新しい店もできた。窓側にピクルスやジャムを並べ、2階はゲストハウス。カフェや古民家リノベのスポーツ用品店も。なんでも1000円の安売りショップが落ち着いたベーカリーに。150円のパンを買うと、乾燥させないように油紙やビニール袋をいくつもくれた。「天然酵母パンなので、何日おいてもモチモチです」（その通りだった）。

空は真っ青で、学校帰りの子供たちはみんな「こんにちは」と声をかけていく。伝建の中でもここは超一級だ。もし町職員だった岡田さんが40年前にここを保存しようと考えなかったら、この町並みは残っていなかっただろう。そう思うと、ふいに、涙がこみ上げてきた。残してくれてありがとう。

町並みの真ん中辺にある「月乃家」さんで、神戸市職員の若い数人のメンバーと合流。「伝建内の物件をこんな新築でやっちゃうなんて、普通考えられません」。神戸の建築関係の公務員から質問が飛ぶ。「わしが責任持つけん、目をつぶっちゃれ、というた」と岡田さん。その度胸が、普通、公務員にはない。上にお伺いを立て、また上がその上にお伺いを立て、結局前例がない、でおしまい。しかし、この宿は新築でも町並みを壊すどころか、馴染んで景観に寄与している。このような町宿が町並みの中に必要だった。今までどこの町並みでも、見ることはできるが、泊まるところがない、というのが悩みの種だった。

鬼の顔の鏝絵（こてえ）を見つけた。
最近のものらしいが、なかなか見事な漆喰彫刻。

床几のある床屋さん。暖簾もいい感じ。
ちょっと入ってみたくなる。

このお宿の本業は農家。山の上で畑を耕し、そこでとった米、新鮮な野菜料理がメインだ。息子さんがハムとソーセージを作っており、それも食卓に並ぶ。若い人でも食べきれないボリュームだ。最後に出たスペアリブがおいしい。レシピを聞くと「塩胡椒して塩麹に漬け込んでガスで焼くだけ」だそうだ。食事をしながら若者たちは、真剣に岡田さんの話を聞く。

「高校出て役場に勤めたけど、労働組合の活動をやったのが勉強になっとるな。町長や助役とも対等に団交していたから、へいこらしないくせがつく」と笑う。観光係に回されて、民俗学者の宮本常一に相談に行った。「内子はなんども行ってよく知ってる。あんなに山を荒らして平然としている住民に町並み保存なんて高度なことはできん」と言われた。その頃、役場にはお金もなく、どんどん若い順に町を出て行った。松山から大洲経由で2時間かかった。観光客などくるはずもなかった。「俺はバカだからな。それで発奮してしもうた」

まちづくりではその頃、頑張っていた

内子町の商家の特徴は、黄土色の土壁に、灰色と白のなまこ壁、そして屋根の棟の鬼瓦の上の帆掛け船をかたどった鳥衾（とりぶすま）。

大分県由布院の中谷健太郎さん、溝口薫平さんを八幡浜から海を船で渡って訪ね学んだ。全国町並みゼミに参加し、妻籠（長野県木曽郡）や有松（愛知県名古屋市）、足助（愛知県豊田市）を手本とした。八日市護国地区の一軒一軒を訪ね歩いて、おばあちゃんの愚痴を聞き、ときには塩をまいて追い返された。「少数意見をどうやって多数意見に練り上げるかじゃ。新建材の建売がいい、文化財になると釘一本打てなくなると刷り込まれている人たちに、この土壁に瓦屋根の家がいいと思わせるのは大変ぞ」

役場内の縁故関係も活用した。町の予算で雨漏りを直したら、うちの持ち家を税金で直してくれるのか、と驚かれた。ようやく町並みはみんなの財産ということが少しずつ広まった。役所の中も固め、内子は昭和57（１９８２）年、全国で18番目の重伝建になった。

ローテンブルクの市長夫妻を呼んで内子座でシンポジウムをしたこともある。連合軍の空爆で、町を破壊され尽くしたが、戦後、全く元と同じように再建したドイツの町。「あれ１３００万かかったかな。これもみんな自分の勉強のため（笑）。今姉妹都市になっている。公務員っていい仕事だよ。人の金で好きなことをやって、まずクビにはならないんだから」

岡田さん流の諧謔だ。不本意な部署に長いこと置かれたこともある。上におもねる職員が自分を越して出世していく。「何ごとも肩書きで見ちゃいかんのだなあ。教授と言っても何も知らんのもいるし、謝礼稼ぎばかりするのもいる。現場で汗をかいている奴が一番本気で勉強する」。皆うなずき、岡田さんが帰っていった後も深夜までさわさわと若い人の話すのが聞こえた。

翌日、まず内子座に行った。こんな木造の劇場が横丁の奥にあるなんて。明日に公演を控え、舞台には上がれないので、入場料は２００円だった（通常は大人４００円）。それでも若者たちは十分、堪能した。稽古は見られるし。すっぽんとか、回り舞台を回す仕掛けを初めて舞台の下から見た。「しかし、内子座を全体改修じゃなく、部分改修3回に分けて建築許可をクリアしたというのは裏技ですね」と建築系の職員は唸った。

玉三郎や勘三郎も舞台に上がったこの小屋も、今では枡席の中に木のベンチをならべている。昔の人はどうやって着物を着て、板敷で何時間も正座できたのだろう。膝の痛い私には信じられない。平成27（２０１５）年に重要文化財に指定。「指定されると小屋として使いにくくなるからな」と岡田さんは言っていたが。

次に高橋龍太郎邸へ。係の人が、「あらあら、こんな寒い日に」と慌ててストーブをつけた。岡田さん、「いつ客が来てもいいように温めておくもんだ」と一言。高橋龍太郎はこの町出身の財界人で、大日本麦酒（現在のサッポロとアサヒの前身）の社長。郷土に尽くし、遺族が旧居を町に寄付した。「いただきます、ちゅうてもらいに行った。別棟は大学のゼミ合宿などに使われている」と岡田さん。

そこからみんなで岡田さんが町並み保存の後、役場を干されて打ち込んだ、村並み保存の現場を見る。先ずは腹ごしらえ。石畳地区でソバを育て、手打ちにし

上右／石畳の宿の夕食、食材ごとに丁寧に煮た煮物。上左／いつも驚くのはこの産みたて卵。母鳥が苦労して産んだのか、すごく細長い。下右／石畳の蕎麦。石畳地区で栽培して石臼で挽いた、打ちたて、湯がきたて。右は玉ねぎのかき揚げ。下左／「月乃家」の朝ごはん。ボリューム満点。

たざる蕎麦は650円。玉ねぎのかき揚げが200円。店主の亀田強さんはカナダで酪農の仕事をしていた。「しだれ桜の咲くころはうちも行列です。岡田さんに乗せられてこんなことになった。本当にこの人のおかげなんだ」

町並み保存が一段落した頃、先見の明のある岡田さんは「村並み保存」を言い出した。建物だけ残してもしょうがない。消滅すると言われている過疎地でどうやったら生業を盛り立て、住民を減らさないか。12人が発起して「石畳を思う会」を作った。最初は水車である。「全部住民の自腹です。補助金を持ってこないならやらないなんていう住民に付き合うのは時間の無駄だ。行政マンはどことも付き合うのが公平原則とされるが、やる気のあるところとしか俺は付き合わない」と岡田さん。亀田さんも口を添える。

「この人、年間200回は石畳にもきていたよ。住民の中には、俺は金は出さん、と足だけ引っ張るのもいた。でも実際にできたら、後で『俺でもなんか手伝えることあるかな』といってくる」

昼食後、弓削《ゆげ》神社の屋根付き橋を見た

り、川の近くの自然護岸を案内してもらい、夕方、石畳の宿に。岡田さんが建築家・吉田桂二と一緒に作った村宿の草分けだ。

「ここには汚い豚小屋があった。それを壊して、山の上の方にあった民家を移築した。その部材はできるだけ使った。それでも30パーセントくらいかな。1994年頃のことだから、ペアガラスもなかったし。ただ若いお嬢さんに来てもらうには、トイレと洗面を清潔にオシャレにしないとダメなのよ。それで当時でウォシュレットを入れた」

　夕食の時間になった。今日の当番はベテランの慶子さん。

「最初、みんな自分が街に出て食べるご馳走を出さなくちゃと思った。とんかつとかハンバーグとか。したら岡田さんが、いや、いつも自分が食べているものを出しなさい、その方が都会から来た人には珍しくて喜ばれるというので」。もう一人のるみこさんは隣の宝泉家が実家。

「街中に嫁いだのに、毎日里帰りしてるみたい。来る日は旦那にはカレーライスを作ったりしてね」

　地元に住む若い岡山くんと烏谷くんがきた。岡山くんは東京大学大学院生。師匠の西村幸夫さんが内子と関係していることから、今は地域おこし協力隊の一員として、内子の小田という集落に入って活動している。もう一人は松山出身の烏谷くん。彼は岡田さんをメインに据えた、町づくりのドキュメンタリーを作りたいといい、今日もカメラを回す。

　彩りのきれいな煮物が出る。「これ別々に炊いています。冠婚葬祭に近所のお手伝いに行って、こういう煮物を覚えたんです」

　旬の野菜の天ぷらは欠かせない。「そこらへんに生えているものです」と説明がある。ふきのとうがおいしかった。

　お皿には菜の花寿し。卵が花で、緑の葉ときれい。しっかり味をつけてある。「この辺の祭りのご馳走はバラ寿しなんです。これも愛媛のソウルフード。お代わりできない分、最後のうどんで調節しています」。うどんを食べるとお腹ははちきれそうになった。岡田さん、「この辺では『余らな足らん』といってなんでもどっさり出しよるわ」と笑う。

右／宿を守っている石畳のお母さんたち。
左／岡田文淑さん。内子の町並み保存、まちづくりのレジェンド。
左頁／石畳の宿。ここの縁側に座ってビールを飲むのが好きで、年に3回来る人も。

上／石畳地区の「村並み保存」の象徴的な存在、屋根付き橋。『マディソン郡の橋』の映画が流行った頃、ちょっとしたブームになった。下／同じく、復元された水車小屋。かつては三十数基もの水車が回っていたという。

岡田さんの話の中には、若い人の役に立つ言葉がはさまる。

「観光というのは元は光を観るといって、いい言葉よ。その真髄はおもてなしにつきる。恋人が初めて家に来たときみたいに考えなきゃいかん。初めてくる彼に何を見せようか、食べさせようか、とワクワクする。肉じゃが一つ作るんだって、手間のかけ方でおいしくもなり、まずくもなる」

「退職するときにこの町に自分が何を残せたか。どれが俺の仕事か、というものを残せよ」

「おそらく君たちも生涯賃金は3億くらいだろう。それに見合う仕事を自分はしたか、と振り返りなさい。税金泥棒と言われないようにね」

厳しい言葉が続くが、若者たちはうなずく。一人が「岡田さんに神戸の塩屋、長田、丸山、大好きな町を案内したいなあ」というと、岡田さん「大好きな、自慢できる町がある。それが大事よ」と答えた。

右／八日市護国町並み保存地区にある「月乃家」。坪庭もある落ち着いた町の宿だ。
左／「月乃家」の女将、山口佐久江さん。

岡田さんは「慣れとる」と言って暗い中を一人で帰っていった。私も先にお風呂をいただいて2階の小部屋で寝る。下では今夜も遅くまで話が弾んでいたようで、私はそれを伴奏に眠りに落ちた。

翌朝、晴れ。

「ここの縁側でビールを飲むのがうまいと言って毎年3回来てくれるお客さんがいます」と慶子さん。

朝のご飯がピンと立っておいしい。この辺で取れた米を水車でつくので、精米機にかける熱が生じない。そして卵。最初に来たとき「産みたてですか？」と聞くと「いいえ、初めて産んだ卵です」と言うのに驚いた。今朝、私に回ってきた卵は、いかにも母鳥の産みの苦労がしのばれる、細長い卵だった。

あれから東京で食べる卵がおいしくない。やたら黄身の色が濃く、妙な匂いがする。内子の産みたて卵を食べるために、私はまた旅費を貯めよう。

▶アクセス
松山空港から肱南観光バスで内子インター口（五十崎口バス停）へ（約50分）、内子駅まで徒歩約15分
または松山空港からリムジンバスで松山駅へ（約15分）、JR予讃線で内子駅へ（特急で約30分）
▶ガイド
内子町公式観光サイト「内子さんぽ」
https://www.we-love-uchiko.jp
愛媛県内子町石畳
https://uchiko-ishidatami.jp

●取材年月／2020年2月

八《や》女《め》

福岡県八女市
福島、黒木

江戸から昭和まで、時代の流れを楽しめる家並み。ここで味わうお茶はやっぱりおいしい

八女福島は１５８７（天正15）年に筑紫広門《ひろかど》によって城が築かれ、田中吉政が城下町をつくった。その後、久留米藩有馬豊氏《とようじ》の支配下となり城は廃されたが、町割りと堀、町人地だけは残った。茶、和紙、提灯、ロウソク、仏壇などの製造、農産物と海産物を交換する八女郡内一の市場として賑わった。

道に対して妻入り入母屋《いりもや》の土蔵造り、両脇に袖下屋《そでげや》を抱えた町並みが残っている。「居蔵《いぐら》」というらしい。旧知の大島真一郎さんの案内で八女の町並みをゆっくり見た。

「ここは最初の頃、国土交通省の街なみ環境整備事業で直したところです」

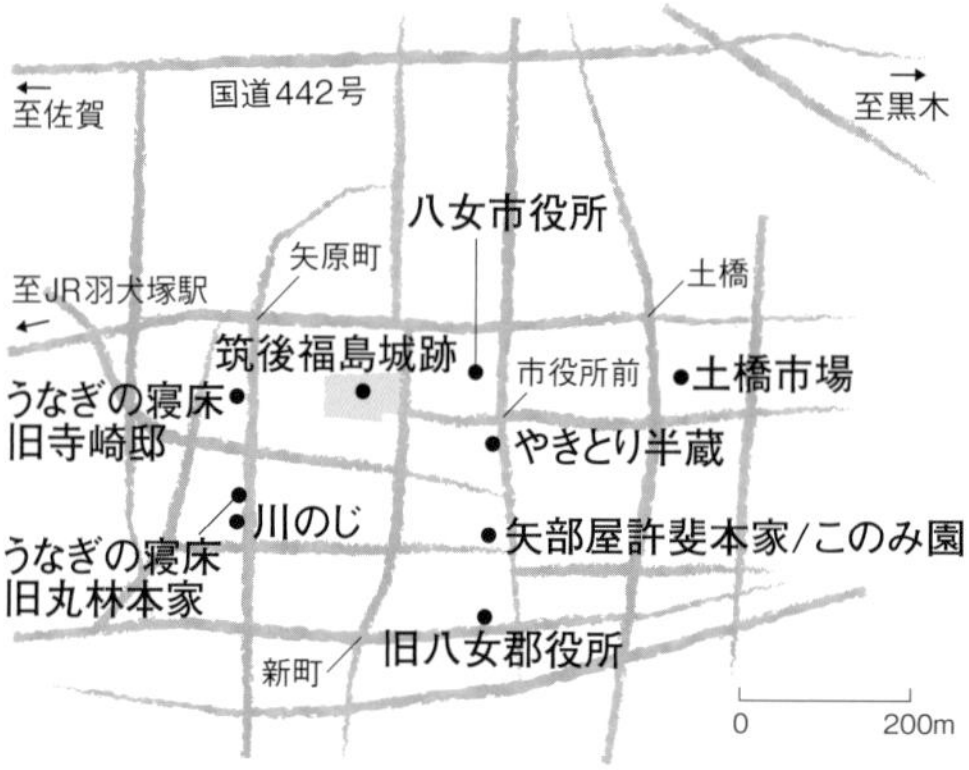

という家は、通りに面して、木の桟をあしらっただけの修景物件だった。

「こっちは重伝建（重要伝統的建造物群保存地区）になるための調査をした上で家の履歴を洗い出し、復原したものです」

明らかに違う。２つの制度はこんなに違うのか。

「明治中期と昭和初期に2度、道路拡張が行われ、町家の張り出した軒は切られてしまいました」

この町を残した2人の立役者に聞く。

中島孝行さんは建築家。

「生まれは１９５８年です。東京で2年建築設計を学び、満員電車が嫌いで、故

八女福島の町並み。三角屋根はなんだかイタリアのパラディオ建築を思い出す。

郷の八女に帰りました。その頃、八女の人は古い建物に関心がなく、町には人通りもなく、寂しい、廃《すた》れた雰囲気でした。でもこの町並みが僕は好きだった」

もう一人の立役者は、都市計画課長を最後に市役所を退職した北島力《つとむ》さんだ。

「１９９３年、企画調整課に異動になった。34歳の全国一若い市長の選挙公約が町並み保存でした。お前やれと言われて困りました。最初、国交省の街なみ環境整備事業を導入しました。これは補助金が3分の2まで出るし、道路や川の整備にも使える。でも1回しか出ないんです」

——国交省の事業で修理したものを見せてもらいましたが、ちょっと。

「初めの頃、修理の方法や技術もわからないで直したものが2、3軒あります。そのうち順番で修理し直すつもりです。同じ１９９３年に『八女・本町筋を愛する会』ができて『八女町屋まつり』などイベントも増えていきました。１９９４年に『景観のまちづくり協定』を締結、『八女ふるさと塾』も発足、とにかく矢継ぎ早でした」

——そこから文化庁の重要伝統的建造物

八女福島にはこんなかわいらしい洋館もある。町にはいろんな建物があっていい。

群保存地区の申し出に進んだんですね。

「重伝建になると国の支援を継続して受けられる。１９９６年に、国の支援で町並みの保存対策調査が始まり、九州芸術工科大学（当時）の宮本雅明、西山徳明両先生が来てくれ、町並みの価値がはっきりした。でも社会教育課はまったく動かない。だから八女では伝建は商工観光課でやったんです。

一番勉強になったのは全国町並みゼミ。中でも愛媛県内子の岡田文淑さんに教わったこと。町並みを守る制度と取り入れ方を懇切に教わった」

——伝建の仕組みやメリット、規制についても町の人に説いて回ったんですね。

「最初は12行政区ごとに説明会をやりました。早くやってくれという所有者もいたし、自分の家を直すのに、届け出や許可がいるのが解せないという人もいました。あとは、はじから戸別訪問ですね。最初は玄関も開けてくれない。次は玄関まで入る。3度目はお前もしつこかなあ、と言って座敷に上げてもらえる。そうなったらしめたもの。時には役所にいる親戚を連れて行くとか地縁血縁で説得した。

右／旧郡役所内にある朝日屋酒店の店内。地酒「繁桝」のほかワインや味噌、醤油、塩、オリーブオイルなども扱う。 左上／「川のじ」の1階。風呂場が気持ちよく台所も使いやすい、レベルの高い町宿。一棟貸しの形態で1泊2万1818円～。8人まで泊まれるので割るととても安い。 左下／九州筑後のアンテナショップ「うなぎの寝床」。

伝建になると、土地建物の資産価値が下がるという人もいた。そのうちバブルがはじけて、資産価値どころじゃなくなった。最後は8割近くの合意が取れました」

――八女福島が伝建になったのは２００２（平成14）年でした。

「町の歴史を勉強し、大事にしていこうというのが『ふるさと塾』。これでは建物の買い取りはできません。で、２００３年、市職員でＮＰＯ法人『八女町家再生応援団』を作りました。毎年５０００円の会費です。公務員の団体なので、所有者の信頼は得やすい。それで建物を預かって直し、借りたい人に貸し出す。家賃はかかった費用から割り出します。

それでも応援団だけでは足りなくて、自分を含めて仲間で14、15棟は買いましたね。緊急避難です。買わないと壊されてしまうから。必要な人が出てきたら、譲る」

――物件を直していく実戦部隊も必要ですね。

「中島さんたちと相談して、『八女町並みデザイン研究会』を作りました。建築

鳥居をくぐって土橋八幡宮境内にある土橋市場へ。
ここの再生も進行中。

家、設計監理ができる人と左官、大工などの職人集団です」

――八女方式だと地域内の工務店と職人にお金が落ちることになるんですね。その経済効果はどれくらいでしょう。

「多いときは補助金が7500万、手出し（所有者の負担分）が7500万で、1億5000万円の金が1年に流通した。こんな小さな町では大きなことです。今はその3分の2くらいですが。これを〝真水の公共事業〟と言ってます。市の税金を使ったとしても、みんな市内の業者に還流する」

――改修した空き家にどんな人を入れるかが大事ですね。

「まさにそう。例えば今、『うなぎの寝床』というアンテナショップができて、2店舗目も出しました。若いスタッフが15人以上、ネットショップでモンペや手づくり商品を全国に販売しています。1人移住者が増えると200万円の経済効果がある」

――一方で今まで頑張って来られた古いお店も支援しなければ。それにいい町並みにはいい宿も必要ですね。

「今、市の方では丹波篠山の金野《きんの》幸雄さんの協力を得て、富裕層向けの高級感のある町宿を作ろうとしています。経済産業省の支援先に採択されると3億円の事業費となるそうで。だが、僕らとしては、ゲストハウスよりは少し高くても、古民家に泊まりたいという人のためのリーズ

右／旧八女郡役所。1996年から空き家になっていた建物を再生。広い空間は様々なイベントに利用される。
左／江戸末期に建てられた山産物商「矢部屋許斐本家」。9代目が明治の頃に八女茶の名をつけたという。

ナブルな町宿を増やしたいと思っています」

――まさに今日私たちが泊めていただく「川のじ」もその第1号物件ですね。お二人の活躍を中心に『まちや紳士録』という映画が２０１３年にできました、その効果は。

「すごいですよ。全国で上映会が行われ、八女がどんなところか映像で見てもらえる。映画を撮った監督もそのまま八女に住みつき、奥さんは絵本屋兼カフェの『ありが10匹。』をやっています。明日、宿に朝ごはんを届けてくれるはずです」

その絵本屋さんの入っている旧八女郡役所。明治20年代の建築で、かなり傷んで、ボロボロだった。今日行くときれいに修復され、通り沿いは酒屋になっている。朝日屋酒店の高橋康太郎さんの話。

「もともと僕は『繁桝』を造る高橋商店の親戚で、父は蔵元の敷地内で生まれ育ったんです。『繁桝』はおいしい酒なので、これを主力に店をやっていきたい。それには、想いを形にする店構えが必要じゃないですか。郡役所を見たときにこれだと思いました。

町並みからは一つ外れますが、ロードサイドに駐車スペースがある。天井が低くて陽が入りにくいのでお酒の保存にも最適です。持ち主にお話しして、土地は所有者に税金がかからないように、市役所に寄付してもらいました。そして僕らで立ち上げたＮＰＯの『八女空き家再生スイッチ』で融資を受け、２０００万円かけて屋根を直しました。家族会議では猛反対、どうにか売上は伸びています」

――店舗は前より小さいけれど、後ろに広くて素晴らしいスペースがありますね。

「ここでコンサートもできます。でも自分で考えるよりも使いたい人に任せます。今年のゴールデンウィークは服のデザイナー3人に、アクセサリーと食器デザイナーの5人で展覧会を開いていましたが、ものすごいお客さんでした。こだわりのある良いものを作れば売れるんですね」

――絵本屋さんが入る「キトラス」というスペースもあります。

「はい。またここで、本の会、音楽の会、映画の会も開いています。みんな車で来るので、酒屋なのにお酒は飲みません。

最近読んだ面白い本を紹介しあう読書会もしています」

　町中の宿「川のじ」でゆっくりお風呂に入って、夜8時過ぎに焼き鳥の「半蔵」へ。昔ながらの名店で、町の人で満員。カウンターで、焼き鳥とビール。

　翌日、八女の取材の最後に、八女茶の問屋、矢部屋許斐《このみ》本家に行く。14代目の許斐健一さん。お若いご当主だ。

「うちは江戸中期に発祥しました。初代は医者です。山の農家から農協がお茶を集め、取引センターに運ぶ。そこで入札する一番の入札権を持っています。99パーセントは八女のお茶ですね。八女茶は明《みん》から製造法と喫茶法が伝わった。その当時は中国式の釜炒りで茶色いお茶。嬉野の釜炒りより古いんです。幕末には長崎のグラバーが八女茶を仕入れに来ている。1840年からのアヘン戦争で中国からお茶が入らなくなったので、日本にきた。そういう歴史をみんなに伝えるのがミッションだと思います。

　建物は最も古いものが幕末なんですが、7棟あって、そのうち4棟直しました。昔、家に客を泊めた記録もある。取引先だったのかもしれませんが、お客様とお茶を飲んでゆっくり語り合ったことでしょう。『誠をもって茶を売る』とうちの古文書に書いてあります。そんなことをやってみたいです」

　八女市にはもう一つ伝建がある。旧黒《くろ》木《ぎ》町、矢部川と笠原川が合流する一帯は、水辺景観の美しい町並みだ。

　黒木町の18・4ヘクタールが伝建に選定されたのは2009年。2010年に八女市と合併した。伝建の担当者の大島真一郎さんは、歴史学を専攻し、「黒木の町並み保存を仕事にしたい」といって町役場に採用された。

「ここの町並みは八女福島と同様、白壁の居蔵造りですが、特徴的なのは、外壁の腰に石が張ってあること。これは下まで塗り壁だと土壁が雨でダメになりやすいので、それを防ぐためです」

　旧松木家住宅が黒木まちなみ交流館として公開されている。

「ここは墨書銘があって建築年代、建築主、大工、木挽、左官の名前も明確です。明治13年の黒木の大火の翌年の建築ということがはっきりしています。現存する居蔵造りの中で間口の広さも一番大きい。町並みのほぼ中央にあるので交流館にしました」

　玄関は揚げ戸で、座敷の奥も窓が全て開けられ、風が吹き通って涼しい。思わず座敷で寝転んでしまった。なんという居心地の良い空間だろう。壁は黄土色、これは古写真を元に復元したのだという。鬼塚茶本舗でお煎茶をご馳走になる。

「西南戦争にも行った鹿三というじいちゃんと高校まで一緒に暮らしとったばってん、笠原とか1週間寝泊まりして茶を買い付けたと言うとりました。店に座っていると見える風景は変わっとらんですよ。隣の江上さんは馬喰《ばくろう》さんで、馬がつないであったから、そのおしっこがすごくて。風の強い日には家に舞い込んでくるので、そら閉めろーと。前のモミジがよく枯れなかったもんですよ。そこが女優・黒木瞳さんのご実家です」

　子供の頃と同じ風景が見えるとはなんと幸せなことだろう。私はここのお茶をもう何年も飲んでいる。

八女黒木にて。腰壁に板状の石を
張る町家や土蔵が点在する。

▶アクセス
九州新幹線博多駅からJR鹿児島本線羽犬塚駅へ（約1時間）。羽犬塚駅から路線バスで福島（約20分）、黒木（約40分）へ
▶ガイド
泊まれる町家 川のじ
https://www.yame-machiya.com

●取材年月／2019年5月

臼《う》杵《すき》

大分県臼杵市

豊後水道の城下町の石畳をゆく。住人たちの心意気で守られてきた景観を楽しみながら

大分駅で待ち合わせた齋藤行雄《ゆきお》さんはちっとも変わっていなかった。1980年代半ば、私が全国町並みゼミに行き始めた頃、齋藤さんは参加者の中で飛び抜けて若く、期待されていた。今も県職員。登録文化財の自宅のある臼杵市から車で毎日、県庁に通勤している。

「私の臼杵での活動は休日と夜の部です」

　そもそも大分を「おおいた」、臼杵を「うすき」と読むのも難しい。難読地名が多いところだ。中心市街にある旧藩主の居館「稲葉家下屋敷」に着く。

「江戸時代は稲葉家5万石の城下町でした。下屋敷は明治35年、元藩主稲葉家の方が帰郷されるのをお迎えしようと町の有志が建てました。薬医門、式台玄関、書院造りの座敷など、江戸末期の上級武家屋敷の様式になっています。欄間は飾りがなくスカッと空いているでしょう。あまりゴテゴテ装飾しないのが臼杵の人の美的感覚ですね。

　この辺は臼杵城の三の丸にあたり、第二次大戦中は軍需工場の女子寮として利用され、その後、喜楽庵という料亭になり、臼杵市民の憧れはここで結婚式をすることでした。今は市役所の所有になっていますが、文化財としての修復をしなかったのが残念です。他にも200石取りの旧平井家住宅（安政6年、県指定）も

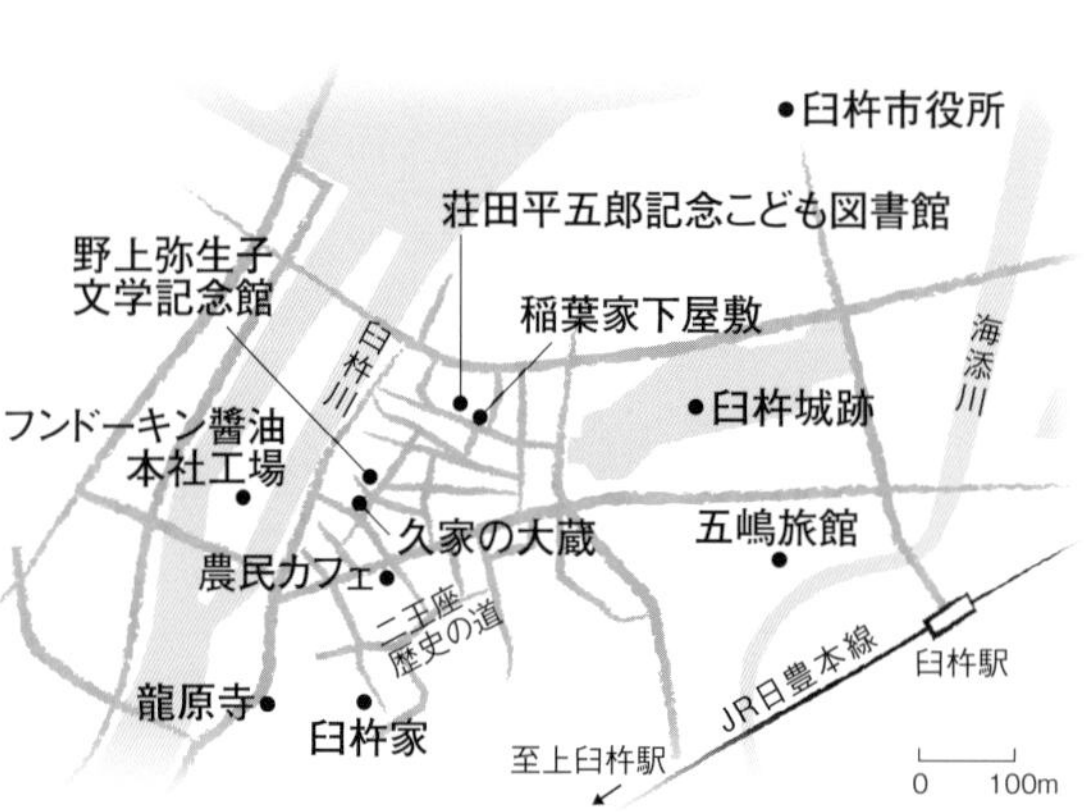

臼杵の町を久しぶりに会った齋藤行雄さんと歩く。

あります」

私が初めて臼杵を訪ねたのは、1980年代、野上弥生子邸が東京世田谷の成城から故郷の臼杵に移築されるお披露目の日だった。野上弥生子は有名な醤油醸造のフンドーキンが実家。臼杵を代表する文化人だ。実家の財産を背景に、巣鴨の明治女学校に入り、同郷の野上豊一郎と結婚、そのツテで夏目漱石門下の作家となり、99歳で亡くなるまで活躍した。戦時中、一切戦争協力をしなかった人である。『真知子』『海神丸』『秀吉と利休』、絶筆の『森』まで長く書き続けた。成城の家は、現在は公開していないが、記念館はあった。

「まず、臼杵の荘田《しょうだ》平五郎記念こども図書館に行ってみましょう」

――これはこれは、木造のすてきな図書館ですね。

「荘田平五郎は岩崎弥太郎や弥之助を助けた三菱の大番頭です。彼は『良いまちづくりは子供の教育から始めなければならない』といって東京から故郷にたくさん本を送ってきたのです。この建物も、文庫蔵などとともに大正7年に平五郎が自費で建てました。ここで『臼杵史談会』の活動が始まり、その初代会長の久多羅木儀一郎さんが昭和9年、『市街美の上に典雅なる潤いを与え、町位を荘厳すること』と言ったのです」

――なんて格調高い理想主義な言葉でしょう。

「昭和10年には、史談会が市街地の歴史遺産に標柱を建てました。つまり、臼杵では戦前から市民で町並みを守る機運があった。この建物は戦後も老朽化を理由に取り壊されそうになったのですが、見識のある人たちが反対して、今もこうして残りました。

戦後の29年に『臼杵市文化財保存会』を立ち上げたときにも自分たちにとって大切な文化財と思うものを決め、自主的に文化財登録して、それは今も全部残っています。文化財はお上に決めてもらうものでなく、自分たちで探し、選び、守るものなんです。

『風成《かざなし》闘争』って知ってますか。戦後、大阪セメントの進出で臼杵の海を埋め立てるという話があったとき、反対闘争が起こりました。住民側が勝訴し、埋め立て中止に追い込んでいます。松下竜一さんが『風成の女たち―ある漁村の闘い』に書いています。臼杵は労働組合運動も盛んで、社会民主党の代議士も複数出ています」

――臼杵は海との関係が大事なんですね。

「戦前には造船業が盛んでした。空襲は小さなのが2、3回程度ですが、豊後水道には多くの砲台が造られ、大分には特攻隊の基地ができ、臼杵も軍事都市化しました。壽屋、今のサントリーがサツマイモからアルコールを醸造する工場を造るはずだったのですが、終戦になりました。戦後は米軍の駐留もあったのですが、たった6人しか来なかった」

――それで齋藤さんが町並みの運動に入るきっかけはなんですか。

「うちの父は11人兄弟の一番下。父の長兄に子供がなかったので、初めから齋藤家を継ぐようにいわれ、伯父に可愛がられて育ちました。その伯父の影響ですね。昭和50年代には『美しい町並みを守る会』が発足し、『全国町並みゼミ』の臼

三菱の基礎を築いた大番頭、荘田平五郎記念こども図書館。

杵大会が１９８３年に行われました。全国からたくさんの町並みを守る人たちや研究者が集まり、そのインパクトもあって臼杵市の『歴史環境保全条例』が制定されました」

城址に上ってみた。なるほど、三方を山に、東を豊後水道の海に囲まれた天然の要害といえよう。

「もっと遡れば、臼杵川の河口に大友宗麟が根拠地を移したのは１５５６（弘治２）年のことです。大友氏はキリスト教を保護したので、ここには壮麗な教会やノビシャドと呼ばれる修道会員の養成機関もあって『豊後のローマ』と呼ばれました。そのあとが稲葉家の時代。幕末の戊辰戦争では臼杵藩は官軍側で何もしなかったのですが、西南戦争では薩摩と戦います。臼杵の町を守るために臼杵隊を組織しました。

上／稲葉家下屋敷の庭園を望む。
下／屋敷内の蔵にある「カフェ凡と凜」で牛すじカレー。屋号の由来は「平凡でも、凜と生きたい……、嘘ですよ（笑）。うちの猫の名前です」と店主の佐藤尚子さん。

夜の町並み。この晩は2軒もお店に
振られたが、2軒はしごした。

鳳凰堂
山本鳳凰堂
山本鳳凰堂

明治以降、廃城令が出て、精錬所を造るときに天守閣の石垣をみんな売り払ったのですが、最近、下の方の古い石が出てきました。櫓も2つ残っていますし、戦国時代の縄張りの跡もわかります。向こうに見えるのが、龍原寺の三重塔です」

三重塔の北、川の中州にフンドーキン醤油の工場も見える。一面に瓦屋根、古い建物がほんとにたくさん残っている。

「運のいいことに空襲にほとんど遭っていない。各階層の武家屋敷が30棟くらい残っています。塗り屋、真壁構造の商家も50棟はあり、日本一ではないかという専門家の方もいます。市はたくさんの古民家を買い取っているし、民間努力もあります。私も2棟、壊されそうなのを買いました。活用は退職後になりそうですが（笑）」

二王座《におざ》と言われる古い市街地。え、農民カフェがこんな町中にあるの？　出ていらしたのは主人の和気優さん。

「私は栃木の田舎の出で、音楽を仕事にしたのは東京へ出てから。パンク系のロックかな。下北沢を中心に何軒かアジアンテイストの店を出し、２０００年頃からは千葉に田んぼを借りて米作りをはじめ、下北沢にカフェを作りました。

３・11でもう東京に居たくないと。東京で使う電気を福島の原発でつくる。それで福島が環境を破壊され、東京に差別される。下北沢では会ったこともない家主に月に数店舗で２００万円も家賃を払う。そんな生活が嫌になった。もう電気ピカピカを身に纏うような暮らしはごめんだと。

臼杵に来たかったわけではないんです。たまたまこの物件と出会ったから。近くの休耕田を借りて、２０１８年は4トンもコメがとれて、全国１３０カ所でコメを売りながらコンサートをした。コメは完売です。縄文米ですが、乾耕田んぼの半分の苗で、収穫は倍あります。コンバインで刈り取ると、根っこにぶつかって機械が止まる、そのくらい元気で勢いある米。結果として全国で臼杵を宣伝しているようなもんです。それで臼杵に来た人が結構いる」

——なんだか好きなことばかりやってて

いいですね。

「……好きでないことをできる人生、というのがわからない。田んぼを借りるのでも、市役所の職員が所有者を探したり、一生懸命お世話してくれた。東京じゃありえない。東京では人間は砂つぶみたいな存在ですが、田舎に来ると人間関係も濃いし、自分の役割も自ずと決まってくる。東京ではできない暮らしを叶えてくれた臼杵には感謝しています」

家ではボスと呼ばれる優さんが農業担当で、農民カフェは妻、ゲストハウスの

二王座歴史の道。二王座とは約9万年前の阿蘇山噴火で形成された丘で、ここの凝灰石を切り割った切通しの道が街道となった。大友宗麟時代から人の往来した臼杵を代表する景観の一つ。

右頁・右／農民カフェ臼杵店は2015年に開店。すぐ近くのゲストハウス「臼杵家」の受付も兼ねている。左／「久家の大蔵」外壁に貼られたポルトガルの伝統的なタイル画。

経営をするのは娘で20歳の日向《ひゅうが》さん。

「両親と弟妹が臼杵に移住したとき、私だけ残って下北沢の店の奥に住み高校に通ってました。卒業して臼杵に来て、ゲストハウスをやることに。最初、店の2階に泊め、今は別に1軒借りてやっています。農民カフェで受付をして、お宿に案内します。使い方を説明して、朝ごはんはここで出します」

――どんなお客さんが来ますか？

「パンをたくさん持って自転車で九州を回っている女性もいるし、この前いらしたフランス人の老夫婦は、私より臼杵のことを知っていました」

――お客さんはどこを見に行きますか。

「臼杵石仏までは1時間かけて歩く人が多い。私は下屋敷をオススメしていますが。困るのはクレジットカードが使えないお店が多いこと。お金を引き出すのはちょっと遠いですが、セブン-イレブンに行ってもらいます。商店街の仕事を頑張ったら、今年から理事になりました。同年代の仲間がいないのがちょっと寂しいです」

なんと落ち着いて、しっかりした20歳だろう。ボスこと優さんがいう。

「町泊と言っています。この商店街が元気になるには、空いている2階に人を泊めるしかないと言ったのですが、誰もやらない。それで自分ではじめました。沖縄みたいに、店先で、泊まる人と町の人のゆんたく（交流、おしゃべり）ができればいいなと。

宿は文化なんですよ。それなのに東京では民泊に対するネガティブキャンペーンを張られた。ほんの一握りの人のために『汚い、うるさい』と言われて、〝法律を定めて悪い奴らを撃退しよう〟というノリになっちゃった。残念ですね」

確かに、大昔から旅をすることで人は新しい世界に出会い、町の人は旅人から新しい知見をもらった。

「夜の二王座なんて断然いい。石畳の道を上がり下がりすると、遠くに居酒屋の灯りが見える。泊まって楽しまない法はない。外国人ならふらっと入りにくいところを、日向がご案内して、メニューも解説する。お店もゲストも、そして日向もウィンウィンです」

日向さんは客のシーツもみんな自分で

右／泊まった五嶋旅館の朝ごはん。
左頁／大正6年築のJR上臼杵駅。無人駅で駅舎の活用を考えている。

洗っているという。

その後、小雨降る中、町を歩く。廃寺真光寺が観光客の休憩施設になっていた。「久家《くげ》の大蔵」の外壁にはポルトガル人アーティスト、ロジェリオ・リベイロ氏のアズレージョ（ポルトガルの伝統タイル）が貼られている。大友宗麟時代のカトリック伝来をモチーフにしたものだ。

市役所の協働まちづくり推進局、課長代理の広瀬隆さんにきく。

「臼杵は4万５０００人いたのが今は３万７０００人で、自然減が毎年４００人。５００人亡くなり、１００人生まれるという感じです。そしてどうしても、進学や就職で町を離れてしまう。ところが最近、若者のＩターンは全国一で、農業をやっている人も3人います。

移住者の定住促進のために、相談窓口を親切にし、空き家バンク登録、待機児童ゼロ、子育て支援、医療の供給などの施策をとっています。大分市にも隣接しており、わが臼杵市はコンパクトで落ち着いた町、『便利な田舎』というところをアピールしたいですね」

臼杵市には築１００年超の木造駅舎が３つもある。ＪＲ日豊本線の上臼杵駅は無人となったので、駅舎をみんなで使う計画が生まれている。

登録文化財になっている齋藤さんの家の裏山には、巨大な防空壕もあるというので中に入った。戦時中に掘って準備万端整えたが、結局は終戦になって使われなかったという。

夜、臼杵の地の素材を使った居酒屋で齋藤さんと話す。

――これだけ住民も町も頑張っているんだから、いまさら伝建（伝統的建造物群保存地区）にしなくてもいいんじゃないですか？

「いや、伝建にならないと、震災など、災害時に残せません。市の独自条例と国庫補助事業ではじめましたが、限界があります。今年も九州町並みゼミを臼杵で開催しました。伝建にするには、今が最後のチャンスだからです」

齋藤さんの伝建指定への情熱は、35年前から薄まることなく続いている。

▶アクセス
大分空港から連絡バスでJR大分駅へ（約1時間）、
大分駅からJR日豊本線臼杵駅へ（約50分）
▶ガイド
臼杵市観光交流プラザ
https://www.city.usuki.oita.jp/docs/2014031400058/

●取材年月／ 2019年5月

外《そと》海《め》

長崎県長崎市外海

陸の孤島の集落に息づくド・ロ神父の明朗闊達な村づくり。百年前のオルガンの音も清々しい

長崎総合科学大学、建築史の山田由香里さんと長崎の外海へ行く。彼女は神奈川大学の西和夫先生の弟子で、『長崎の教会堂』(共著)の著書もある。

外海には世界文化遺産「長崎と天草地方の潜伏キリシタン関連遺産」に登録された12の構成資産のうち2つがある。出《し》津《つ》集落と大野集落だ。

明治時代、ここに教会を建て、授産活動をしたド・ロ神父のことを知ったのはそんなに昔ではない。没後100年経っても地元でド・ロ様と崇敬されている。彼については片岡弥吉『ある明治の福祉像―ド・ロ神父の生涯』がある。

マルク・マリー・ド・ロ神父は、パリから西に行ったノルマンディ地方のヴォ

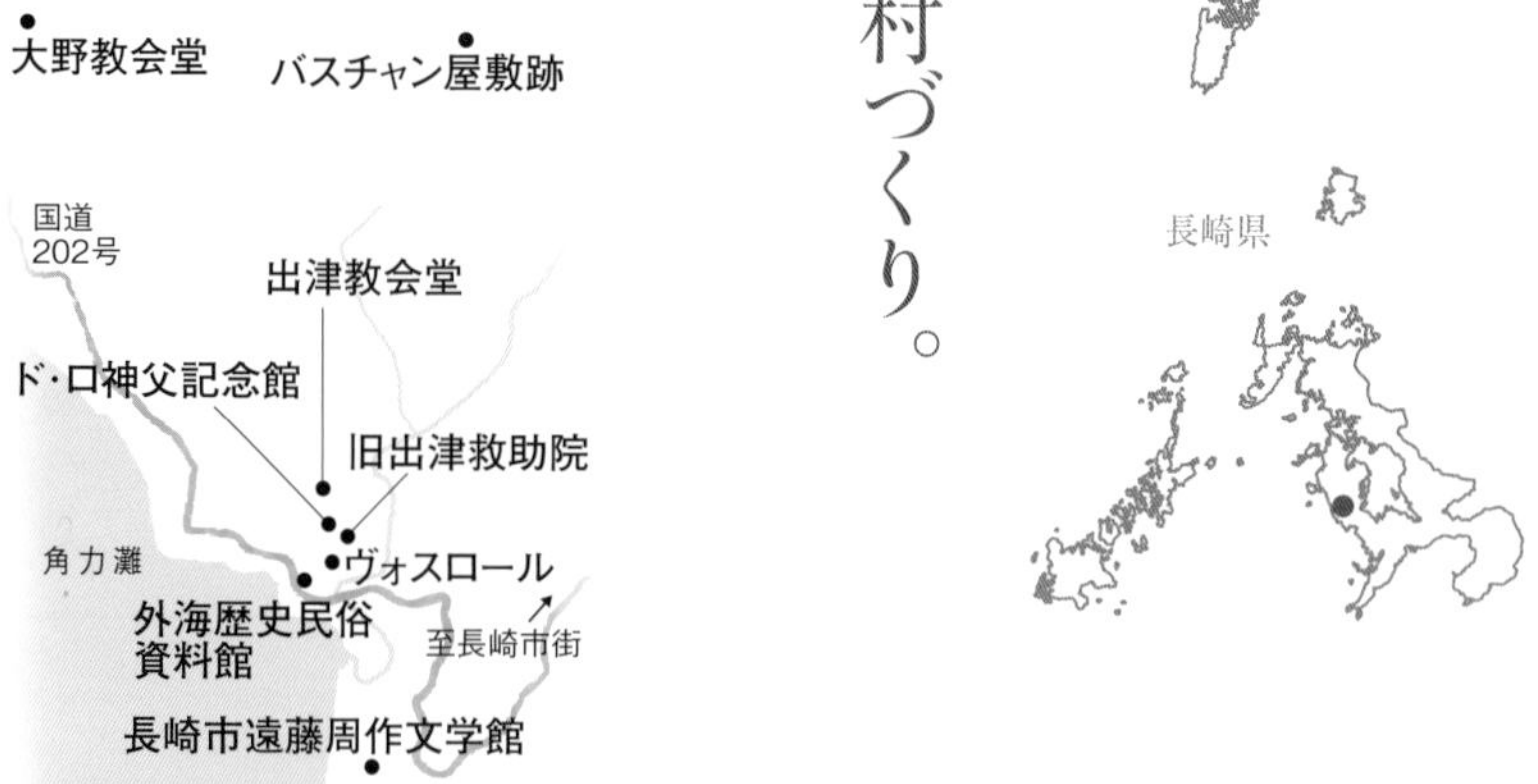

地元産の玄武岩を使った「ド・ロ壁」が
特徴の大野教会堂。出津まで来られない
信者のための巡回教会として建てられた。

キリスト教解禁後にド・ロ神父が設計して建てた旧出津救助院。
ここ出津集落では、かつて潜伏キリシタンたちが隠れて信仰を続けていた。

スロールという村の貴族の次男として1840年に生まれた。子供の頃は勉強もできないし、とてもいたずらっ子だったという。「学校でもらった賞品は運動会のときのだけだよ」と、老いたド・ロ神父は若い神父に語ったという。

　しかし父親は、勉強よりも生きる力、生活力が大事だという考えの人だった。聖十字架学院で学んだド・ロ神父は、パリ外国宣教会（パリ・ミッション）の印刷技術を持った宣教師の募集に応じて、全財産を持って来日。ド・ロ神父が長崎に上陸したのは1868（慶応4）年6月、戊辰戦争の年だった。

　日本は幕末の1858年に米・英・蘭・露・仏と修好通商条約を結び、鎖国をやめて5港を開いた。長崎はその一つで、たくさんの外国人が居留地に住み始める。居留地での外国人の信教の自由は認められ、1864年に居留地内の大浦に天主堂が完成した。

　道すがら、山田さんと話す。

――1865年の3月に浦上の農民15人ほどが大浦天主堂を見学にやってきて、

プティジャン神父に「私の胸、あなたの胸と同じ」、すなわち、私たちも同じ信仰を持つものです、と告白したのが「信徒発見」といわれていますね。

「居留地に天主堂ができると浦上の信者たちに伝わっていたのでしょう。浦上から船で来たようです。居留地は当時、日本人は立ち入り禁止ですから、お堂に近づくのも、相当勇気がいったと思いますね」

――それもあって、浦上村に潜伏していた信者の存在が幕府に知られ、これが一村総流罪の「浦上四番崩れ」の始まりです。その後１８７０年までに３３８４人が20藩にお預けになりました。流刑地での待遇はひどく、拷問などで６１３人の死者が出たといいます。

「藩閥政府の実力者、井上馨や木戸孝允はキリスト教は邪教で、徹底的に掃討しなければならない、と思い込んでいたんですね。明治に入ってからもこうした弾圧が行われたために、各国の公使は明治政府に抗議し、明治4年の岩倉使節団も、ビクトリア女王など各地で謁見した元首に糾弾されるんです。このままでは日本が近代国家として認められない、条約改正もできない、というので、明治6年、政府はキリスト教解禁に踏み切りました」

来日したド・ロ神父は長崎でさっそく印刷事業に取り掛かり、そして１８７３（明治6）年、浦上の信徒らが流刑から釈放されたのを機に長崎に戻り、大浦天主堂の右手にある旧羅典《らてん》神学校（現在、重要文化財）を設計、施工に関わった。１８７５年に竣工、１９２６年に浦上神学校ができるまで、神学校の校舎兼宿舎となった。

１８７９年、外海の司祭を命ぜられた。ここは極貧の土地であったが、信仰が強かったのは、17世紀のバスチャンという日本人宣教師の力が大きいとされる。彼については確かなことはわかっていない。バスチャンは外海のキリシタンを励ましながら自ら森の中に隠れ住んでいたが、ついに長崎で拷問を受け、斬罪となった。今、外海にはバスチャン屋敷跡、バスチャン川、バスチャン暦などの伝承が残っている。

当時この地区には潜伏からカトリックに戻った人が３０００人、そのままの信仰を続けた人々が５０００人いたという。これを「隠れキリシタン」または「昔キリシタン」とも言った。生活は貧しく、サツマイモが主食。「この人たちを救いたい」と39歳の神父は強く思った。

ド・ロ神父が授産のために建てた旧出津救助院。赤窄《あかさこ》須美子シスターがオルガンを弾いてくださった。シスターのお話。

「外海は海も荒くて漁業にも向かず、土地は急傾斜で田んぼも作れません。ド・ロ神父は若い青年たちを指揮して、17年かけて畑を開墾し、道路を作り、波止場を築きました。洪水の原因になった川の中の大石を撤去し、教会や救助院など建物も次々に建てました」

ここは女性のための授産場で１８８３年に建てられ、1階では、製粉、パン焼き、搾油、醤油製造が行われ、2階では読み書きや算術の授業、キリスト教教育もあった。若い女性たちはここで寝泊まりし、染色、機織り、裁縫に勤しんだ。濃紺の布で洋式の作業着も作ったが、それはシンプルで、今でも着たくなるようなデザインである。ここで作られたシーツ、パン、マカロニなどは、長崎の居留地に運ばれ、人気があった。

　さらにド・ロ神父は１８８５年、鰯網工場を建て、その仕事が中止になると、その建物を保育園に使った。現在のド・ロ神父記念館である。村の人々と協力して孤児院、学校、診療所、共同墓地も作った。

——フランスからやってきた若い神父はすぐに土地に溶け込めたのでしょうか。

「それはもう、３００年近く待ちに待った、神父さまがおいでになったのですから。かなり厳しいことを言われても、みんな真剣に聞き、教えに応えようとしました。それにとってもユーモアのある面白い方だったようですよ」

——ド・ロ神父にここの風土は合ったのでしょうか。病気をしたりしませんでしたか。

「もともとそんなに体が強い方ではなく、特に長崎の羅典神学校の建設をしたときに、重い角材を運んでヘルニアを発症し、長年苦しむことになります。そして生涯独身で、74歳まで長生きなさいました。ここに、神父の記録簿『日々《にちにち》の帳《ちょう》』があります」

　几帳面で美しいアルファベットで、コメ、野菜、ミソなどと書いてある。購入したもの、消費したもの、支払ったお金、クチとあるのはその日、何人の人々がそれを食べたかということらしい。展示されているのはレプリカだが、虫食いの跡まで再現されていた。女性たちは干しカンコロを常食とし、嫁ぎ先では神父に教わったことが役立ったという。

　そこへ外国の方が2人見えた。聖職者らしい。フィリピンと香港からという2人に、シスターは英語でゆっくりと説明する。来訪者の一人が、オルガンに近づき、賛美歌を弾いた。１００年以上前のオルガンはそれに応えてよく鳴った。

　私は十字軍などキリスト教の名において行われた蛮行も知っている。一方、ド・ロ神父の事績は、土地の人にとってはまさに本当の村づくりであり、健康の増進だった。その遺徳が広く伝わり、アジアの都市から、決して交通便利とは言えない海沿いのこの町に人を誘うのであろう。

　五島出身という赤窄シスターは次々に見える来客に説明を続ける。

「5月の連休以来バタバタ走り回っていて、もう少し自分を高めるために祈りと勉強の時間が欲しいですね。それでもド・ロ様を通じて神様のことをお伝えできるのは嬉しいです」

　ド・ロ神父は１９１４年、鉄川与助とともに設計、施工を行った大浦天主堂の司教館建築現場で足場から足をすべらせ、それが元で持病のヘルニアが悪化し、翌日、亡くなった。この建物も長崎県の文化財となっている。ド・ロ神父の墓は出津の小高い丘の上にある。

　その近くのレストラン「ヴォスロール」で私たちは遅い昼ご飯をとった。普通の家を改造し、訪れる人にランチとお話を提供している。日宇《ひう》スギノさんの話。

「私は外海の生まれで、ここの保育園に3歳から通いましたよ。おやつにミルクとパンが出ました。黒崎村と神浦《こうのうら》村が合併し、外海町になりました。カトリック信者の町長さんが、ド・ロ様の築いた文化を検証しようとした。私も役場に入り、

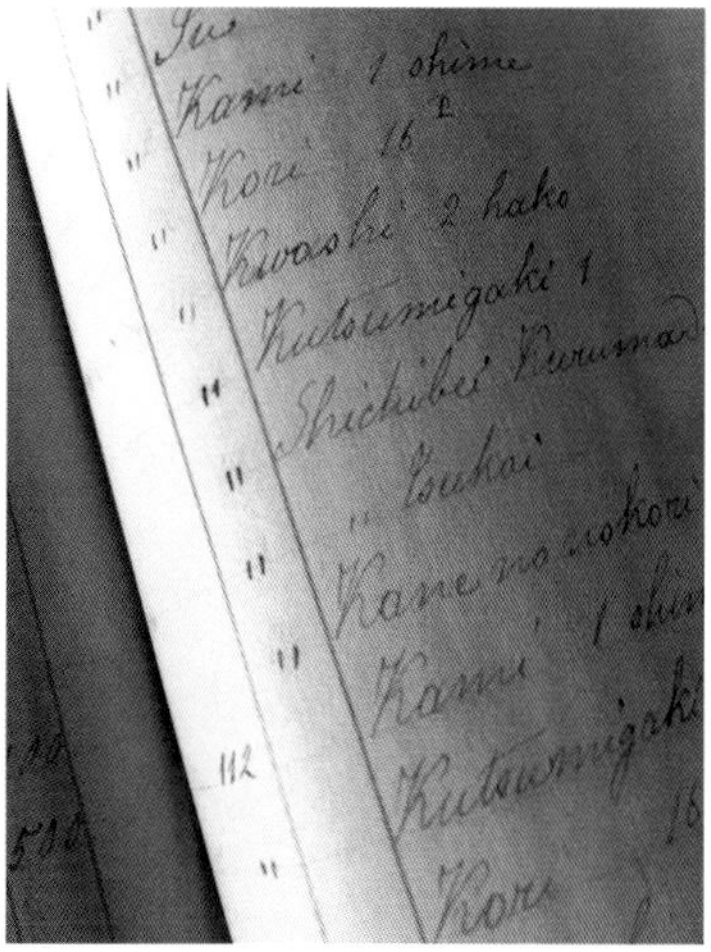

左上／オルガンも弾いてくださった赤窄須美子シスター。 左下／旧出津救助院の中心となる授産場の内部。素麵やマカロニ、パン、醬油なども製造した。 右上／村の女性たちの自立の場であった救助院の床には、その歴史が刻み込まれている。 右下／ド・ロ神父の記録簿「日々の帳」。

山中にひっそりとたたずむ、日本人伝道
師バスチャンが隠れ住んでいた屋敷跡。

同僚だった夫と様々なことを起案しました。

困難も色々あったのですが、この辺の人はド・ロ様のことをよおく覚えていて、ド・ロ様があんなんしよった、こんなんしよった、と長いこと口伝えしたですからね。何より楽しい思い出は、ド・ロ様の生まれ育ったヴォスロール村との交流が生まれ、自費で行ったり来たりしたことです。

今では全国からカトリック系の学校が修学旅行に来ます。一番聞かれるのは『大村純忠《すみただ》はなんでキリシタンになったか』『どんな気持ちだったんですか』と。まあ、本人に聞いてくださいというほかないですが。

ド・ロ様の気持ちはわかりますね。金持ちが天国に入るのはラクダが針の穴を通るより難しい。お金は自分のためには使わない、貴族という恵まれた家に生まれたらなおさら、天国で永遠の命を得るために、この世で人々のために何かしらの使命を果たさなければいけない。そう思って来てくださったのだと思います」

自前の畑の野菜を用い、ド・ロ様スパゲティとサラダ、お菓子まで出た。たけのこのサラダ、ナスタチウムを飾ったカワハギの刺身、とてもおいしい。「本当は予約制ですが、他にお店もないですし、断ったら気の毒でしょ。畑と海があれば冷蔵庫はいらない。300円でお刺身できますよ」と日宇さんは笑った。

町の女性たちは、ド・ロ様を生きがいに、畑をするグループ、ガイドグループ、食の特産品を作るグループなどに分かれて旺盛に活動をしている。

私たちはド・ロ神父が兼任した大野集落へ向かった。ここは旧大村藩領である。1893年にド・ロ神父が設計した大野教会堂は、石の文化財というよりない。

赤土を水に溶かして石灰と砂を捏《こ》ね合わせ、それを目地にして自然石を積み重ねている。これをド・ロ壁という。ここで土地の素材と西洋の技術が結合した。レンガは佐賀の筑後川流域で焼かれていたものを調達した。柱や梁はボルトとナットで留めている。大野教会堂は頻度は少なくなったとはいえ、今も信者の祈りの場所として生きており、内部は公開されていない。この石積みの景観は国の重要文化的景観にも選定されている。

帰りの車の中で、山田由香里さんと話を続けた。

――本当、大村純忠はなんでキリシタンになったんでしょうね。

「確かに貿易の利益を考えて改宗したのかも。しかしそのあとは正妻だけで、側室を遠ざけています。一方、領民にもキリスト教を強制し、一斉改宗させ、僧侶や神官を弾圧しています」

――宗教はそういう過酷なところがありますね。そういえば長崎の大浦天主堂は世界遺産になって、入場料が600円から1000円になっていました。中国からの団体も多く、ものすごい混雑でした。入場料収入を何に使うのかしら。

「世界遺産になったための資料館などの整備も必要でしょうし。でも、離島にはそれこそ集落の10軒くらいで守ってきた小さな教会もあります。そういうところにお金が回るといいですね」

――大浦天主堂では、信徒の発見についてはアナウンスがありましたが、浦上四番崩れには何も触れていません。

「あのアナウンス、何十年と変わっていないですね」と山田さんはくすりと笑った。

布教とはなんと壮絶な命がけのものか。それでも外海で出会ったド・ロ様の風貌は、何か、明朗闊達なものであった。

上／ド・ロ神父の故郷の村の名をつけたレストラン「ヴォスロール」の日宇スギノさん。下／地元で獲れたカワハギの刺身。

▶アクセス
長崎空港から空港連絡バスで長崎駅前へ（約45分）。長崎駅前から桜の里ターミナル行きの長崎バスに乗車。桜の里ターミナルで大瀬戸・板の浦行きのさいかい交通バスに乗り換え、出津、大野へ（長崎駅前から出津まで約1時間半）。長崎駅前から大瀬戸・板の浦行き直行便のさいかい交通バスもある（出津まで約1時間10分）
レンタカー利用の場合は、長崎空港から約1時間20分、長崎市街から約1時間
▶ガイド
長崎と天草地方の潜伏キリシタン関連遺産インフォメーションセンター
http://kyoukaigun.jp

●取材年月／2019年5月

外海・大野集落には、ド・ロ神父がこの地域に特徴的な自然石を利用して改良した石積みが残る。厳しい風雨にも耐える強固なものだ。

対談

後藤治×森まゆみ

失くしたら戻らない。町の記憶を残すためにできること

『論より実践　建築修復学』の著者で、
建築史を教え現場で若者を育てる後藤治さん。
歴史的建造物、町並みの保存や
活用にくわしい実践者と、
建物の活かし方、
町のこれからについて熱く語ろう。

「登録有形文化財」のプレート。登録すると、国（文化庁）より交付される。

森　後藤さんは工学院大学理事長ですが、元々は建築史の研究者でした。なぜ、建築史の研究を？

後藤　塔が好きだったからです。僕は武蔵高校で民族文化部に入っていたのですが、それは建築史の泰斗、太田博太郎先生が作った部でした。高校在学中に朝鮮半島と日本の塔の比較に関する論文を書きました。

ただ歴史研究で食えるわけはないとも思ってました。東京大学では稲垣榮三先生に師事しましたが、１９８４年に学部を出た頃は就職氷河期。しかし修士を出るときはバブルが到来し、世の中馬鹿げてるなと。景気に人生左右されてたまるかと博士課程に進み、宮大工として有名な田中文男棟梁の真木建設でアルバイトをしてました。

ある日、廊下で大河直躬《なおみ》先生に捕まって文化庁に入ることになりました。先輩が最後の最後に断ったので、どうしてもその日のうちに代わりを見つけなければいけなくて、とにかく行きなさいと。

森　後藤さんは言いたいことをはっきり言うし、あまりお役人向きではないように思っていました。

後藤　いや、僕は父が国家公務員なので、

官庁がどういうところかはわかってました。文化庁は他と比べるとのんびりしたところでしたよ。1988年から11年いて、やりたいこともずいぶんできました。

デンケンってなに？　どうしてできたの？

森　建築物の保存に関する制度にお詳しいですね。私は1986年に初めて会津で開かれた全国町並みゼミに子連れで参加して、みんながデンケン、デンケンと言うけれど、ちっともわからなかった。素人向きに説明してください。

後藤　伝建《デンケン》は伝統的建造物群保存地区の略です。この制度ができたのは1975年。市町村が条例に基づいて指定します。

森　市町村で区はないんですか？

後藤　当時は東京の区が基礎的自治体でないことに加え、文化庁側に東京23区で伝建という発想がなかったようです。今は東京の区も指定できますが、東京都にはまだ一つもありません。

　長い間、建物を残す制度としては重要文化財、要するに単体の建物しかなかった。伝建は歴史ある町並みを面として残す制度です。市区町村が指定し文化庁に申し出て、文化庁が選定すると〝重要〟がついて、重要伝統的建造物群保存地区（重伝建）になります。

　本来はすべての地区が国の選定である必要はないのですが、国が選定していない場所は全国に鳥取の板井原しかない。また、市町村が指定した区域と国の選定する範囲が同一である必要もないのですが、これもすべてかさなっています。

森　初期に選定された地区に行くと、町並みをある時代にずらっと揃えて復元してあって、ちょっと息苦しいと言うか、退屈にも感じました。

後藤　当時は江戸期の町家の町並みでと決めて選定すると、洋館は選定から外すなんてことが行われていました。これも最近では、町並みを一定の時代に揃えるのでなく、いろんなものがあってもいいじゃないか、と変わってきています。要するに市町村が残したいものを残せばいいんです。

森　私が沖縄の竹富島に行ったのが1987年、島が24番目の重伝建になったお祝いでした。重伝建は現在約120地区になりましたが、まだまだできると思いますか？

後藤　できますよ。制度ができた当初は300を目指していました。その後、開発で失われた町並みも多いですが。

町を知っている 地域の名物公務員がいた

森　初期に伝建になったところは担当者の情熱で住民を説得したと聞きます。

後藤　確かに、名物担当が力業で住民を巻き込んでいきました。愛媛県内子の岡田文淑さん、長野県妻籠の小林俊彦さん、徳島県脇町の原強さん、選定は遅いけれども愛知県足助の小澤庄一さんとか。伝説の熱い公務員がいました。

　僕が文化庁にいたときには、どこへ調査に行っても、役所の担当者と一緒に酒を飲みながら夢を語り合っていました。官官接待が問題になってから、そういう付き合いができなくなった。

森　私が文化庁の文化審議会の委員で文化財保存を担当していたときも、せっかく現地へ行っても、補助金をつける方ともらう方ですから、県庁や市役所の担当者と食事もできない。昔は文化財のお寺の住職が一升瓶を抱えて待っていたと言います。それも受益者とは飲んではいけないということで、交流やディスカッションが失われたと聞きました。
後藤　現地のポストに熱心な担当者がいると文化庁もやりやすかった。調査に関わってみると、担当者がどのくらい住民の中に入って、信頼されているかどうかわかる。町を歩いたときの挨拶や住人の顔の表情を見てればね。
森　伝建になると町がさびれるとか、暮らしが縛られるとか、いろんな誤解がありましたね。

伝建が町を救う、これからの暮らし方

後藤　今では、観光でほどよく活性化するというので歓迎されています。過疎地で老人が多いところが多いのですが、伝建になれば、県も国も関心を持ってケアしてくれる。それに、この「ほどよく」が大事です。
　世界遺産にもなった岐阜の白川郷などは、交通の便が良すぎて、ちょっと人が来すぎかもしれない。島根の石見銀山は世界遺産になったけれど浮足立たず、落ち着く町並みです。
森　確かに。宮崎の美々津《みみつ》など、台風の常襲地帯ですが、被害があっても国の支

後藤治（ごとう・おさむ）

工学院大学理事長。1960年、東京杉並区の生まれ。文化庁文化財保護部建造物課文部技官、文化財調査官を経て、工学院大学の教員に。常務理事を経て現職。著書に『都市の記憶を失う前に　建築保存待ったなし！』（共著）、『それでも、「木密」に住み続けたい！　路地裏で安全に暮らすための防災まちづくりの極意』（共著）、『論より実践　建築修復学』など多数。

援があると助かる。鳥取の倉吉でも火災がありましたが、重伝建なので、きちんと復元できました。暮らしを楽しんでいるところは、住民が道路やトイレもきれいにして花を飾ったり、町への誇りが感じられます。
後藤　最近は住民主導の伝建も増えてきました。高知の吉良川《きらがわ》は、自治体はそう熱心でもなかったが、住民たちが県知事に直談判して伝建になりました。

登録有形文化財とはどういう制度ですか

森　伝建に加えて、文化財登録制度が１９９６年に法制化されました。これは後藤さんの努力が大きいと言われています。
後藤　それまで、建物を守るシステムは重文・国宝といった単体指定と１９７５年にできた伝建だけでした。誤解が多いので一言言えば、国宝とは重要文化財の中でも希少性のあるもので、重文の中から国宝が選ばれています。
　僕が文化庁にいるときに、登録有形文化財という制度作りを担当しました。それは奈良の東大寺や宇治の平等院などの建物は重文で手厚く守れるが、身近にあ

り、みんなが愛着を持っている建物があっさり壊されていくのをどうするか、という問題意識からです。

それで上からの指定でなく、下からボトムアップで登録していこう、という制度を作ったんです。最初に文化庁のトップで応援してくれたのは長官だった川村恒明さんと、文化財保護部長だった林田英樹さんでした。その後、法制化の作業にあたって、僕と課長補佐、係長と３人で、文化庁内でもなかなか理解を得られずやっていた。

ところが総務省（当時の自治省）や財務省（当時の大蔵省）が固定資産税など、税の優遇措置を出していい、と言った途端、みんなが俄然やる気になって、大西珠枝文化政策室長以下、強力なチームができ、あれよあれよというまに制度化できました。その直後に、林田さんが長官に、大西さんが伝統文化課長に就任されて、制度のスタートを順調に切ることができました。

森　登録第1号は象徴的な建物ということで、東大の安田講堂や岩手の小岩井農場でしたね。市民にも使いやすい、いい制度ができたと、新聞記事を見てジーンとしたのを覚えています。

森まゆみ（もり・まゆみ）

作家。1954年、東京生まれ。早稲田大学政経学部卒。84年に友人らと地域雑誌「谷中・根津・千駄木」を創刊。文化庁文化審議会委員、文化財建造物保存技術協会評議員を歴任。現在、公益財団法人日本ナショナルトラスト理事。近著に『会いにゆく旅』、『イタリアの小さな村へ』（共著）、『お隣りのイスラーム』、『暗い時代の人々』、『子規の音』など多数。

後藤　その後、河合隼雄長官と森さんが東大の安田講堂で対談したとき、森さんが「長官、登録をどこまでやる気ですか」と質問してくれ、長官が「ゴマンとあるというのがいいね。5万までやりましょう」と言われた。あのやり取りが僕らにとっても後押しになりました。
森　現在1万２０００件を超えていますね。（２０２０年9月1日時点で1万２６８５件）
後藤　最初の目標は年間５００件なので、制度開始から20年で1万というのはいいペース、予定通りに増え続けています。とはいえ、近年要件や審査が厳格化されているので、それがやや心配です。
森　どうすれば登録できるんですか。
後藤　みなさんがこの建物を残したいと思えば、持ち主を説得し、建物を調査して、しかるべき人が所見を書いて、図面や写真をつけて、自治体を通じて文化庁に上げれば登録になり、プレートがもらえますよ。そんなに詳細な調査報告はいりません。あくまでレジスター、地域から上げていくシステムですから。
森　文化財にすると、自分の家なのに釘一本打てなくなるという人も多いのですが。

後藤　いえいえ。それは流布された伝説。重要文化財には国の財源で守る以上、厳しい制約もあるのは確かですが、それでも重文の家に誇りを持って住んでおられる方も多くいます。松山の道後温泉本館も重文ですが、一日に１０００人以上が利用する商業施設でもあります。

　一方、登録文化財は、使いやすい、住み良いように変えてもいいのです。文化財として価値のある外観の４分の１以上を変更するときに届出が必要になりますが。

「登録はまちづくりのタネ」。プレートに溢れる愛着と誇り

森　登録文化財にするとどんなメリットがありますか。

後藤　重文に比べて手厚い保護はありません。修理の設計監理費の２分の１が補助されます。家屋の固定資産税の２分の１が軽減されます。市町村で独自にメリットを上乗せしているところがありますが、今後はそうした自治体を国が支援してもいいのかもしれません。

森　私が文化庁の委員のときに登録抹消が２件ありました。シロアリ被害の温泉旅館と道路計画でやむなく壊すので。

右／後藤さんの「建築修復学」が実践されている東京都台東区下谷の快哉湯。銭湯の廃業に伴い、昭和3年築の建物はシェアオフィスに生まれ変わった。左／台東区根岸の矢島写真館。後藤さんの指導で快哉湯再生に関わった中村出（いずる）さんが、この大正期の洋館に魅せられ、保存・再生を手がけている。左頁／台東区の国登録文化財から2件を紹介。右は谷中観音寺の築地塀。左は谷中の朝倉彫塑館の建物。庭園は国指定名勝。

後藤　制度上、登録は持ち主からの申請で抹消できます。ただ登録抹消になる例は、重文や都道府県、市町村の文化財指定になったから、というものが圧倒的に多いんです。つまり文化財としては格上げですから、まず登録しておくことが指定への道にもつながっています。中には「国の登録の方が市町村の指定より格が高い」と思っている人もいますが。

森　よくメディアでも「登録文化財に指定」といった間違った書き方をしています。登録と指定の違いはしっかり覚えておきたいです。

後藤　文化財はお上に決めてもらうものでなく、住民が自ら守っていくものです。僕は「登録はまちづくりのタネ」という標語を考えたんですが、普及しませんでした。いい標語でしょ。

森　ほんと。登録文化財になると文化庁から渡されるプレートは渋くていいですね。東京では建物の外側に貼り付けているところが多いですが、地方では額に入れて飾っているところもありました。

後藤　各地で住民がＮＰＯなどを設立して、身近な文化財を保存活用し、公開やガイドも住民主体でやっているのを見る

と、関心が広まっているのを感じます。各地の建築士会がヘリテージマネージャー（歴史的文化財活用推進員）の養成講座を開いて専門家の育成をしていますが、これに現場での経験が上積みされればいい。

机上ではなく現場で考える、使って活かす方法

森　内子や妻籠はパイオニアですが、後発の伝建で注目しているところは。

後藤　福岡県の八女福島や吉井などは、適度に観光で潤い、生活の質も上がり、仲間が増えて移住者も増えるという良いスパイラルができているところです。

　秋田の増田もいいですね。持ち主と行政と地元建築関係者の連携ができて。後発のところは先発組の良いところに学び、悪いところは真似しない。地に足がついている感じですね。

　最近では日本人の意識も相当変わった。「由緒ある家に誇りを持って住む」「古い町家を活用して事業化する」という方向へ向かっています。２０１９年、文化財保護法も改正され、保存から活用へシフトしています。文化財としての価値を守

ることをおろそかにしてはいけませんが、建物はやはり使ってナンボですからね。

森　後藤さんが文化庁から工学院大学に移り20年経ちました。

後藤　大学の研究室として町並み調査を引き受けることが多かった。深く関わったのでは秋田の増田、福島の南会津の前沢、山梨の甲州市上条などです。学生は交通費が出ますし、現場で鍛えられ、机上でない学びができます。地域のお年寄りとのコミュニケーションをどうするかも覚えます。

　うちの研究室から巣立った学生は設計だけでなく、大工、左官、建具、塗装、建築模型など、家業を継いだり、手を動かす仕事についている者が多い。ゼミの同窓会が協力して歴史的建造物の保存をやっています。僕としては今は町並みを守るために地震や火事からの防災が大事だと思い、そこに力を入れています。

森　最近、「論より実践」と副題の付いた『建築修復学』が共立出版から刊行されました。研究者にも設計家にも技術者にも役に立つ文献だと思います。これからも建物の特性や住む人に応じたアドバイスを期待しています。

（２０１９年4月29日　台東区にて）

あとがき

町並みはみんなのもの

１９７３年に19歳だった私は、大学1年の夏休み、戒厳令下の韓国に出かけた。そのために大阪でアルバイトをして旅費を稼ぎ、下関から釜山までフェリーに乗ったのだが、途中、倉敷と尾道に立ち寄った。

そのときの美しい町並みは忘れられない。すでに高度成長が始まって20年くらい経ち、新全国総合開発計画が近代化と開発を訴え、どんどん美しい町並みが壊されていた頃である。そして壊される町並みを惜しんで、永六輔さん作詞の「遠くへ行きたい」をテーマ曲に、地方の小さな美しい町を旅することが提案され（ディスカバー・ジャパン）、小柳ルミ子の「わたしの城下町」がヒットした。

それから、私は古い町並みを歩くのが好きになり、１９８４年には地域雑誌「谷中・根津・千駄木」を創刊して、東京の地元の古い町を守る活動を始めた。

１９７４年に、有松、今井、妻籠の有志が集まって、「町並みはみんなのもの」を合言葉に全国町並み保存連盟が結成された。１９７８年には第1回全国町並みゼミが有松と足助で開催された。私はその９回目の会津ゼミから参加している。

ヨーロッパの風景は美しい。それを守る人があり、守る規制も厳し

右／岩手・花巻のマルカンデパートでソフトクリームを食べる著者。あまりにうずたかいので箸で食べることになっている。左／旅の途中、佐賀・鳥栖駅の立ち食いそばを嬉しそうに食べるヤマサキこと山﨑範子さん。「谷根千」からのずっと同志で旅の仲間。

いからである。フランスではマルロー法（１９６２）が、イギリスではシヴィック・アメニティーズ法（１９６７）がある。風景を守る市民運動としても、イギリスのナショナル・トラストには数百万人もの会費を払う会員がいる。これに比べ、日本ナショナルトラストはたった１５００人程度の会員しかいない。しかも、日本の財団は監督官庁によって指導され、自立した存在とは言いにくい。

日本でも１９６６年の古都保存法をきっかけに、文化庁の制度として１９７５年には「重要伝統的建造物群保存地区」の制度ができ、建物を単体の文化財としてばかりでなく、面として守るようになった。現在１２０地区が選定されている。選定に至るには、行政の首長、職員、そして住民の大変な努力が必要だ。

そうしてまだ伝建になっていない地域でも、もちろん住民が建物や風景を守ろうとして頑張っているところはある。今回、そういうところも入れ、全国の12地区の町並みを紹介した。

今、近代の持つひずみがますますはっきりとし、日本の遺産や文化を受け継ごうとする若い人も増えている。自然やゆったりした暮らしを求めて田舎に移住する人も多い。この本はそういう若い人たちにこそ読んでほしい。またそういう美しい町を旅したときには、それを残す努力をした人がいたことを思い起こしてほしい。

最後に、20代から竹富島などに一緒に行った全国町並み保存連盟の山本玲子さん、40年来の同僚で今は「地域人」編集部の山﨑範子さんの特段のご助力に感謝する。そしてかつて取材で奈良や京都、鎌倉を一緒に歩いた秋山礼子さんにこの本を作ってもらえたのが嬉しい。

本書は、月刊誌「地域人」（大正大学出版会）収載の記事を改稿、再編集したものです。

［初出一覧］

増田・・・・・・・「地域人」第47号（2019年7月）特集「生きている町並み」収載「増田　職人もたまげた黒漆喰壁の美しさ」

気仙沼・・・・・同上「気仙沼　風待ち地区によみがえる歴史文化遺産」

新潟・・・・・・・同上「古町花街　新潟の町なかで花街や路地を守る」

城端・・・・・・・「地域人」第33号（2018年5月）連載「暮らすように町に泊まる」第8回「庵唄の背景を守るのは誰？　富山県城端」

信濃追分・・・同誌第51号（2019年11月）同連載第26回「信濃追分　伯母の愛した夏　長野県軽井沢町」

塩屋・・・・・・・同誌第48号（2019年8月）同連載第23回「塩屋の旧グッゲンハイム邸の忘れられない話　兵庫県神戸市」

尾道・・・・・・・同誌第31号（2018年3月）同連載第6回「坂の町、文豪の町に若い世代が、移住し、再生していく　広島県尾道」

石見銀山・・・同誌第39号（2018年11月）同連載第14回「石見銀山の群言堂と中村ブレイス　島根県大田市大森町」

内子・・・・・・・同誌第57号（2020年5月）同連載第32回「大好きな町がある　それが大事　愛媛県内子町」

八女・・・・・・・同誌第47号特集「生きている町並み」収載「八女　人を動かし、地域の経済を循環させることが大切」

臼杵・・・・・・・同誌第47号連載「暮らすように町に泊まる」第22回「昔ならどこにでもあった、今はないものがここにある　大分県臼杵市」

外海・・・・・・・同誌第50号（2019年10月）同連載第25回「外海に息づくド・ロ神父の村づくり　長崎県外海」

対談・・・・・・・同誌第47号特集「生きている町並み」収載「対談　後藤治×森まゆみ　失くしたら戻らない。町の記憶を失う前にできること」

●写真撮影・提供
下記以外はすべて、森まゆみ撮影
（p64左上，p123，p127右は森まゆみ提供）

渡辺征治……p7 ～ 11，p13，p17下，p18 ～ 19，p21，p22，p24左，p25左
山﨑範子……p14左，p24右，p25右，p33下左，p93，p95左上，p120
幡野寛治（気仙沼風待ち復興検討会提供）……p20
久保有朋……p27
大倉宏……p28
南砺市観光協会……p34 ～ 35
樋口一成……p45，p47，p49右上，p50，p52，p53
片岡杏子……p54 ～ 55，p59
豊田雅樹（豊田雅子提供）……p69中
大島真一郎（八女市役所）……p3（八女），p95左下
大東淳……p101
江藤健二……p103上

●イラスト……森まゆみ
●マップ……尾黒ケンジ
●ブックデザイン……中村香織
●シンボルマーク……nakaban

とんぼの本

またいつか歩《ある》きたい町《まち》　私《わたし》の町並《まちな》み紀行《きこう》

発行　2020年10月30日

著者　森《もり》まゆみ
発行者　佐藤隆信
発行所　株式会社新潮社
住所　〒162-8711 東京都新宿区矢来町71
電話　編集部 03-3266-5611
読者係 03-3266-5111
ホームページ　https://www.shinchosha.co.jp/tonbo/
印刷所　大日本印刷株式会社
製本所　加藤製本株式会社

ISBN978-4-10-602296-8 C0326